-MITOLOGÍA JAPONESA-

*

MASAHARU ANESAKI

ÍNDICE

PRÓLOGO

El propósito de este libro no es contar divertidas historias para entretenimiento de los curiosos sino darle al lector serio una visión general del carácter y la variedad de los mitos y cuentos tradicionales del Japón. Por consiguiente, los relatos están narrados con la mayor concisión posible, habiéndose puesto gran cuidado en señalar las conexiones, conceptuales o históricas, que existen entre las diferentes narraciones.

Mucho se ha hablado acerca de las creencias religiosas que subyacen bajo estas historias, toda vez que el autor estima que la actividad mitológica de la mente humana es inseparable de sus credos religiosos. Sin embargo, no formula ninguna conclusión respecto al carácter exacto de la conexión entre ambos o a la prioridad de la una sobre las otras.

Por otra parte, el autor sabe sobradamente que muchas ideas o historias deben su existencia a las circunstancias de la vida social de los pueblos que varían en cada época de su historia. Esta visión de los temas se ha seguido en algunos casos, aunque no de manera tan plena como hubiese hecho el autor de no estar limitado por el espacio disponible. Algo más se dirá a este respecto en la obra del autor de *Japanese Art in its Relation to Social Life*.

Muchos libros se han escrito sobre la mitología y el folclore japoneses, pero usualmente se limitan a una parte particular del tema o sólo desean entretener. La presente obra tal vez pueda considerarse como un tratado más o menos sistemático de todo el tema. El autor espera que este hecho compense al lector, hasta cierto punto, de hallar el libro poco divertido.

El autor intentó incluir un capítulo sobre el épico *Heike Monogatari*[1], porque su historia, tanto la trama principal como los episodios secundarios, eran ampliamente recitados por los rapsodas y llegó a ser el origen de muchas narraciones dramáticas. Pero los límites de espacio le obligaron a omitir dicho capítulo y dejar el tema para una publicación aparte.

M. ANESAKI

Karuizawa, Japón enero, 1927

---

[1] Conocido en español como *Cantar de Heike*, es un poema épico clásico de la literatura japonesa, fuente de numerosas leyendas, personajes e historias que tienen en ella su origen. Relata la aparición de la clase guerrera de los samuráis y su violenta irrupción en la política del país, evocándose además con nostalgia la vida cortesana y elegante de la capital. Desde el punto de vista histórico es el relato literario del fin de una época, el período Heian (792-1185), y del comienzo de otra, la de los clanes militares, que se prolongará hasta la entrada de Japón en la era moderna, en 1868. (N. del T.)

INTRODUCCIÓN

EL PUEBLO, LA TIERRA Y EL CLIMA EN RELACIÓN CON LA MITOLOGÍA Y EL FOLCLORE

El alargado archipiélago que serpentea por los mares orientales de Asia, conocido actualmente como Japón, en los tiempos primitivos estuvo habitado por unos aborígenes peludos llamados Ainus. La palabra *ainu* significa «hombre» en su lenguaje. Hace de dos a tres mil años, grupos invasores empezaron a acudir desde el continente, con toda probabilidad desembarcando en diversos puntos, en diferentes épocas. Estos invasores fueron empujando gradualmente a los naturales del país, primero hacia el Este y luego hacia el Norte. No se sabe con certeza de dónde procedían dichos conquistadores, si bien la hipótesis más probable es que atravesaron el Mar del Japón partiendo del continente asiático, por la península de Corea. Debemos olvidar que el núcleo básico de los japoneses, como el de los coreanos, difiere en muchos aspectos del de los chinos. El origen de los japoneses hay que buscarlo más al norte que el de los chinos o de la raza Han. Por otra parte, está bien establecida la afinidad de los coreanos con los japoneses[2] y es posible que algún día sea posible comprobar satisfactoriamente dicha afinidad con otras razas que habitan en el norte de Asia.

Pero los japoneses son un pueblo entremezclado y la raza incluso parece haberse ido modificando a lo largo de diversas inmigraciones, con más frecuencia desde las costas orientales de China, o desde las islas sureñas, y ocasionalmente desde el lado occidental del mar del Japón. Los distintos núcleos son diferenciados por la mayoría de expertos como sigue: usualmente, los japoneses auténticos tienen una cara oblonga con la nariz

---

[2] Está basado en la semejanza de fisonomía y lenguaje. En la mitología y el folclore, los coreanos han estado muy influidos por China, y no obstante, su parentesco con los japoneses obtuvo más adelante nuevas pruebas mediante cuidadosas investigaciones en este terreno.

aguileña; el elemento chino, en cambio, tiene una cara más aplastada, y más prominentes los pómulos; y el tipo del sur o malayo está marcado por una cara redonda, como de bola, y los ojos muy estrechos. Los rasgos predominantes en los chinos de las islas occidentales se explican naturalmente por la fácil conexión por mar entre esa parte del Japón y la desembocadura del río Yangtse.

Por otra parte, podría deducirse la existencia de un elemento meridional del hecho de que los sectores del sur de las islas occidentales, según la historia legendaria, fueron perturbados de vez en cuando por turbulentos invasores del extremo sur, llamados Hombres Halcón (Haya-to) y la raza Oso (Kuma-so). Asimismo, en esta parte del país, principalmente en la provincia de Satsuna, donde se dan con más frecuencia los nombres personales compuestos de «oso». Además, las costas meridionales de la isla Shikoku son ricas en nombres tales como «Tal y cual Caballo», y estas costas fueron naturalmente las más favorecidas por los inmigrantes del sur. Hay que tener en cuenta que estos aumentos prehistóricos de la población del archipiélago, los recuerdos semihistóricos e históricos mencionan con frecuencia inmigraciones de China y Corea; y estas inmigraciones posteriores se mostraron muy activas en expandir su civilización más avanzada por todas las islas.

Tras haber visto las hipótesis de los actuales expertos, veamos qué nos dicen las antiguas leyendas[3] sobre el origen y la llegada de esa gente a su morada actual.

Se dice que los creadores de las islas fueron dos «dioses celestiales». Hablaremos más de ellos al considerar los mitos cosmológicos. Una de sus hijas fue la diosa-Sol, que rige el universo desde el Cielo y fue la progenitora de la familia que gobierna en Japón. Cierta vez, en agosto, la diosa-Sol bajó la vista hacia la «Tierra Media donde los juncos crecen abundantemente», o sea el archipiélago japonés; entonces vio que el país estaba conmocionado por varios «malos espíritus», y que alborotaban y revoloteaban como «moscardones azules». La diosa envió mensajes a dichos malos espíritus, y más tarde mandó varias expediciones punitivas contra ellos y los dioses terrenales, que finalmente rindieron sus

---

[3] Kojiki, pag. 93 f. Nihogni, i 64 y ss.

tierras a los «dioses celestiales». Entre los que así quedaron dominados se hallaban los descendientes del dios-Tormenta, hermano de la diosa-Sol, que regía las costas del Mar del Japón, opuesto a las costas orientales de Corea.

Una vez estuvo así pavimentado el camino, la diosa-Sol envió a su ahijado a las islas para «gobernar el país hasta la eternidad». El grupo del ahijado llegó a la isla de Tsukushi (actual Kyushu), en la cumbre de un pico muy alto, y se asentaron en la región de Himukai (la tierra «que mira al sol»), en la costa del Pacífico de la isla occidental. En realidad, esa región es rica en antiguos montículos, que ahora están siendo excavados, gracias a lo cual salen a la luz muchas reliquias interesantes de la antigüedad prehistórica.

De la región «frente al sol» las oleadas de migración y conquista marcharon hacia el este, a lo largo del litoral del Mar Interior. El objetivo era la región central, conocida como Yamato,[4] que finalmente alcanzó Jimmu Tenno, el legendario fundador de la dinastía imperial. De nuevo los conquistadores encontraron la resistencia de los «Arañas de Tierra», los «Mochuelos-Ochenta», los «Piernas Largas», los «Gigantes Furias», etcétera; pero había otros de su parte que pertenecían a la misma tribu que los conquistadores y que se habían establecido antes en la región central. En esas batallas, los descendientes de la diosa-Sol fueron derrotados una vez por luchar frente al sol, de modo que a partir de entonces batallaron con el sol a su espalda. Al final, los descendientes solares quedaron victoriosos y se instalaron en la región de Yamato, que se convirtió en la sede de la residencia imperial hasta finales del siglo VII. La masa principal de japoneses, representados por los descendientes de esos conquistadores, se denomina desde entonces raza Yamato.

---

[4] Se discute la etimología de la palabra Yamato. Según la teoría más comúnmente aceptada, significa "Salidas de la montaña", porque la región está rodeada de montes por todas partes y se abre a través de muy pocos pasos a las regiones situadas más allá de la cadena montañosa. Al parecer, es esta una plausible interpretación porque es la más natural en el lenguaje japonés. Pero resulta extraño que el nombre escrito en ideogramas chinos signifique «gran paz». Sin embargo, el ideograma que significa «paz» parece haber sido usado simplemente por la denominación china del **japonés** «wa» que designado por otra letra, parece haber significado «enano». La teoría de Chamberlain es que Yamato fue Amu en origen y significaba "Castaño y Balsa". Pero esto es improbable si tenemos en cuenta el hecho de que las balsas, numerosas en la región, fueron mis adelante obras de irrigación.

Sea cual sea el significado mítico o el valor histórico de estas leyendas, la raza Yamato siempre ha creído en su descenso desde el Cielo y en la adoración a la diosa Sol como antecesora de la familia reinante, si no de todo el pueblo. También procuraron imbuir esta creencia en el pueblo subyugado, y en parte lograron impresionarle con esta y otras ideas asociadas, listas leyendas y creencias, junto con las prácticas religiosas, formaron la religión original de la raza Yamato, conocida hoy día como Shinto, de la que hablaremos más adelante. Los datos antiguos del Shinto[5] fueron compilados en el siglo XVIII, con el propósito de confirmar el origen celeste de la raza Yamato y perpetuar la historia de ese pueblo. Estos datos contienen mitos cosmológicos y también historias legendarias, extraído todo ello principalmente de la tradición oral, pero modificada por ideas chinas; asimismo, gran parte del folclore está bordado con las leyendas de la raza, ya que los japoneses siempre han reverenciado cualquier clase de tradición ancestral. Estos datos oficiales del shinto contienen la masa principal de la antigua mitología, y se han mantenido relativamente libres de influencias foráneas que, en los últimos años, han tenido un gran efecto en la literatura y el arte japoneses.

Naturalmente, la propensión de la gente a contar historias y a utilizar mitológicamente sus propias ideas sobre los fenómenos naturales y sociales añadió más material mítico al de los archivos de datos oficiales. Parte de ello, sin duda, fue introducido por los inmigrantes de otras tierras y son, por tanto, extrañas a las tradiciones primitivas de la raza. No haremos ninguna afirmación acerca del "carácter racial" o la "inclinación innata" de la gente, manifestados en sus ideas o imaginería nativas. Mas no puede negarse que diferentes pueblos ofrecen, obviamente, diferentes rasgos mentales y espirituales en la visualización de su existencia y en sus reacciones ante los distintos ambientes. Los rasgos naturales y el clima de la tierra habitada por un pueblo tienen una gran influencia sobre su actividad formadora de mitos. Pero la manera cómo reaccionan ante estas condiciones externas viene determinada por su temperamento, su masa de ideas tradicionales y por las influencias ajenas a las que han estado sujetos. Los japoneses siempre fueron susceptibles a las impresiones de la

---

[5] Las dos principales compilaciones fueron: *Kojiki, or Records of Anciens Matters* (compilado en 712), accesibles en la traducción inglesa de B. H. Chamberlain; y *Nihondi, or Chronichles of Japan* (720), traducidas al inglés por W. C. Aston.

naturaleza, sensibles a los diversos aspectos de la vida humana, y dispuestos a aceptar las sugestiones extranjeras. Consideremos de qué modo estas condiciones influyeron en el desenvolvimiento del folclore y la mitología de los japoneses.

La naturaleza parece haber favorecido al pueblo japonés presentándoles los aspectos más suaves y encantadores. Las islas ofrecen casi todas las fases de la formación geológica, y el clima abarca desde el calor semitropical del sudoeste a los fríos inviernos del norte. La magnitud continental es, claro está, nula, pero el paisaje está bellamente diversificado por montes y ríos, ensenadas y promontorios, llanos y bosques. Es fácil imaginarse a las hadas rondando por los bosques y las principales cascadas; en la bruma primaveral y entre las nubes del estío pueden visualizarse con facilidad a los seres semicelestiales; la oscura superficie de los lagos rodados por acantilados y elevados picos también se adapta a la morada de espíritus siniestros, o a ser escenario de conflictos entre genios fantásticos. Las flores de los cerezos las produce, dice la leyenda, la inspiración de una Dama-que-hace-florecer-los-árboles, y las hojas color carmesí de los arces son obra de una Dama-que-teje-brocados. El espíritu de la mariposa aparece en la noche primaveral, vistiendo ropas de color rosa y velada con tules verdosos. En el canto quejumbroso del «insecto del pino», el pueblo oye la voz del ser querido que ha renacido entre los matorrales del campo. En las altas cumbres de los picos nevados pueden morar grandes deidades, y entre las nubes iridiscentes es posible oír música celestial. Más allá del distante horizonte del mar se halla la tierra perpetuamente verde del palacio del Rey del Mar.

La susceptibilidad de la mente del pueblo ante su ambiente se demuestra en el temprano advenimiento de una poesía en la que se canta la belleza de la naturaleza y el patetismo de la vida humana, el amor y la guerra. Esta poesía temprana es sencilla en su forma y muy ingenua en sentimiento, pero es emotiva y delicada. El pueblo se sentía en armonía con los aspectos cambiantes de la naturaleza, exhibidos en los fenómenos de las estaciones, en las variedades de la flora, en los conciertos de los pájaros e insectos cantores. Sus sentimientos hacia la naturaleza siempre se expresaron en términos de emociones humanas; se personificaron las cosas de la naturaleza, y los hombres fueron representados como seres vivos en el corazón de dicha naturaleza. Los hombres y la naturaleza estaban tan cerca entre sí que los fenómenos personificados nunca quedaron disociados de sus originales naturales. Los observadores occidentales han malinterpretado a menudo esta circunstancia, por lo que han declarado que los japoneses carecen del poder personificador de la imaginación. Pero la verdad es que el grado de personificación no es tan completo como en la mitología griega, y que la imaginación nunca fue tan lejos como para oscurecer su origen en el mundo físico real.

También es verdad que los mitos y las historias del Japón no se hallan tan bien conectados y sistematizados entre los pueblos arios. En la mitología japonesa hay un cierto ciclo de ideas cosmológicas, pero a menudo se han perdido los eslabones y muchas historias están totalmente disociadas. La ligereza de toque es algo característico de la imaginación japonesa, y no es menos conspicua la facilidad de improvisación. La cuidadosa insistencia sobre la cuenta oficial de los antecesores del pueblo podría estar en conflicto con la falta de un sistema que aparece por doquier, y la influencia budista ciertamente modificó las peculiares características que determinaron la mitología de la raza. Sin embargo, el budismo fue adaptado por los japoneses de acuerdo con su disposición mental, y el gran sistema de la mitología budista quedó desmembrado en relatos sueltos o rebajado al nivel más humilde de la experiencia humana. Delicado, imaginativo, agradable, pero nunca aislado, sensible, pero poco penetrante, así podríamos caracterizar el temperamento del pueblo, manifestado en su mitología y su poesía, su arte y su música. Como consecuencia de esos rasgos hay en su mitología una carencia de fuerza trágica. Los japoneses no tienen idea de una tremenda catástrofe en el mundo; los conflictos casi nunca terminan en tragedia sublime sino en un compromiso. Incluso las tragedias de los relatos y dramas posteriores se caracterizan por una penosa sumisión del héroe, y sólo excepcional-mente por el conflicto de una voluntad demoníaca con el destino. Esto puede deberse en parte al menos a la suave influencia de la tierra y el clima, aunque en realidad sea el resultado del carácter del pueblo, como se observa al considerar sus ideas religiosas nativas.

La primitiva religión de ese pueblo se llamaba Shinto[6] que sig-

---

[6] O Sinto. También es correcto llamarla shintoísmo o sintoísmo. Nuestro criterio será utilizar shinto y sintoísmo indistintamente. (N. del T.)

nifica «Camino de los Dioses» o «Espíritus». Esta creencia se remonta a una visión animista del mundo, asociada con el culto tribal de las deidades del clan. Se emplea aquí la palabra animismo para indicar la doctrina de que las cosas de la naturaleza están animadas, igual que nosotros, por un alma o por una clase especial de vitalidad. Viendo el mundo bajo esta luz, los japoneses lo veneran todo, tanto un objeto natural como un ser humano, siempre que lo venerado parezca manifestar un poder o una belleza inusuales. Cada uno de esos objetos o seres se llama *kami*, una deidad o espíritu. La naturaleza está habitada por una cohorte infinita de esas deidades o espíritus, y la vida humaría se halla estrechamente asociada con sus pensamientos y acciones. Al genio de un monte que inspire temor se le llama deidad del monte, y puede ser considerado al mismo tiempo con el progenitor de la tribu que vive al pie de la montaña o, sino como el antepasado, sí puede al menos ser invocado como el dios tutelar de la tribu.

Por consiguiente, la religión shinto es una combinación de adoración a la naturaleza y culto ancestral, y en la mayoría de casos el mito-naturaleza es inseparable de la historia relativa a la deidad ancestral y la de su adoración, porque la curiosidad por saber los orígenes de las cosas actúa con enorme fuerza tanto hacia el mundo físico como hacia la vida individual y social de cada uno. Por este motivo las tradiciones shinto combinan la poesía sencilla de la naturaleza con las especulaciones filosóficas acerca del origen de las cosas. Estos dos aspectos del shinto se hallan tremendamente mezclados en los cultos comunales existentes y han dado lugar a muchos mitos y leyendas locales. En tales historias la fantasía desempeña un papel preponderante, pero nunca hay exclusión de la creencia religiosa. Esto se debe a la tenacidad de las leyendas del shinto entre la gente.

La influencia extranjera más importante de cuantas llegaron a Japón, ciertamente en lo tocante a la religión, el arte y la literatura, fue la del budismo. En el campo de la mitología, el budismo introdujo en Japón una ingente cantidad de la imaginación india, que se caracteriza por la grandeza de escala, la riqueza de la imaginería, los amplios vuelos de la fantasía. La literatura budista, importada a Japón y muy bien recibida por el pueblo, pertenecía a la rama del budismo conocido como Maliayana, o la «Comunión más amplia». En esos libros, se dice que existen un número infinito de tierras de

Buda o paraísos, y cada uno de éstos se describe con un lenguaje colorido y fantasioso. En uno de esos paraísos hay avenidas con árboles adornados con joyas, estanques llenos de flores de loto, pájaros que entonan perpetuamente un concierto con la música interpretada por los seres celestiales. El aire está lleno de perfumes milagrosos y la tierra se halla pavimentada con piedras preciosas. Innumerables variedades de seres celestiales, budas, santos, ángeles y deidades habitan estos paraísos. Al hablar de un gran número, siempre se refieren a «miríadas de miles de millones» (*koti-niuta-asankhya*). Una larga época se describe así: Supongamos que pulverizas el «gran millar» de mundos y lo transformas en un polvo finísimo y que llevas cada partícula a uno de los innumerables mundos esparcidos por el vasto cosmos; el tiempo requerido para esa interminable tarea podría compararse con el número de períodos terrenales que el Buda pasó en su obra.

No solamente expandieron y estimularon los vuelos de la imaginación budista el desarrollo de la mitología japonesa sino que las numerosísimas historias budistas influyeron notablemente en el nacimiento del folclore japonés. Se representó al Buda como habiendo vivido existencias pasadas sin cuento, vidas que ofrecen inagotables aventuras y actos compasivos, que se encuentran en los *Jatakas* («Historias del Nacimiento»), *Nielarías y Avadarías* (historias de las causas de la iluminación del Buda). Las doctrinas budistas también se elucidan mediante muchos símiles y parábolas pintorescos. Como bien saben los estudiantes de la literatura india y budista, casi todas estas historias hablan de la experiencia del Buda y de otros seres relacionados con su existencia en todas las formas de ser humano, animal o planta[7]. A menudo, tales historias se utilizaban con propósitos didácticos en los sermones budistas, aunque también ayudaron a estimular el folclore, familiarizando al pueblo con la idea de animales y plantas personificadas, y suministrando temas y moralidad a los fabulistas.

De estos canales del folclore japonés derivó gran parte de los materiales cuyo origen era el mismo del que Esopo tomó sus fábulas, y muchas historias indias se naturalizaron tan completamente en Japón, que la gente ignora su procedencia extranjera. En este libro sólo consideraremos unas cuantas de esas

---

[7] Vease T. W. Rhys Davids *Buddhist Birth Stories, or Jataka Tales*, Londres, 1880.

historias indo-japonesas, y no haremos más hincapié en el tema del influjo indio en este folclore nativo. Debemos llamar la atención, no obstante, en el hecho de que el folclore japonés está afectado, no sólo por estas contribuciones extranjeras, sino también por el tipo general de idea e imaginación amparado por la religión budista.

El budismo es ante todo una religión preeminentemente panteísta, enseñando que cada ser, consciente o no, está en comunión espiritual con nosotros mismos, y está destinado, junto con nosotros, a alcanzar el manto del Buda. Todos los seres están separados aparentemente, pero unidos en una continuidad, unidos por un lazo indisoluble de causación moral, y basados en una y misma realidad. La continuidad de la vida que penetra todas las existencias es lo que inspiró a los japoneses una gran compasión hacia sus compatriotas y todos los seres vivos así como a la naturaleza de su medio. El ideal religioso del budismo consiste en realizar en pensamiento esta verdad de la unicidad de la existencia, y en vivir una vida llena de la mayor de las compasiones. Viendo el universo bajo este prisma, es solamente una fase de la comunión espiritual, y nada en ello queda fuera del más estrecho compañerismo.

Esta enseñanza, este último ideal, fundamentales, se acercaron aún más a nuestra vida de compasión gracias a la enseñanza del karma, que significa el lazo de la causación moral. Según esta doctrina, hay que considerar a la vida presente como un eslabón de la cadena infinita de la causación moral; la vida actual del ser está determinada por las cualidades de los hechos pasados de cada uno y está destinada a determinar la vida futura. Esta es la «continuidad serial» de nuestra existencia, pero además hay una continuidad colateral.

Esta expresión significa que la vida individual no es el producto aislado del karma propio, sino que siempre desempeña una parte en el amplio destino común, gozado o sufrido junto con los demás. «Hasta el mero roce de las mangas de dos personas, por puro azar, es el resultado del karma que los une.» Este sentimiento se experimenta en todas las relaciones humanas. Los padres y los hijos, el esposo y la esposa, y otras relaciones menos íntimas, son manifestaciones de la continuidad que persiste a través de la vida y puede persistir en el futuro.

No sólo las relaciones humanas sino los entornos físicos de la vida están asimismo conectados por el mismo lazo de karma. «Si un budista ve una mariposa volando entre flores, o una gota de rocío reluciendo sobre la hoja de una planta de loto, cree que la conexión y afinidad que existe entre estos objetos son fundamentalmente como los lazos que unen a los seres humanos en sus relaciones vitales. Que disfrutemos con el gozoso canto de las cigarras entre las flores del ciruelo se debe a la necesidad del karma que nos conecta con esas criaturas.»

En una religión panteísta siempre hay un gran incentivo en el desempeño de una fantasía poética así como un constante apremio hacia la íntima simpatía con los demás seres y el entorno físico. El mismo Buda, según los relatos de la India, experimentó en sus innumerables reencarnaciones una infinita variedad de vidas animales. Por eso, sus seguidores pueden haber pasado por tales experiencias, y muchas historias cuentan cómo el narrador fue una vez un ave que cantaba entre las flores, y cuyo espíritu, más tarde, se convirtió en su esposa.

Si el budismo estimula la imaginación que se refiere a los lazos que relacionan nuestra vida con otras existencias, el taoísmo representó y representa el genio poético y la tendencia romántica del valle chino de Yutzu en contraste con los rasgos prácticos y sobrios del chino del norte, representados por el confucianismo. Éste enfatiza de modo especial la necesidad de volver a la naturaleza, entendiendo por esto una vida liberada de todas las taras humanas, de todos los convencionalismos sociales y de todas las relaciones morales. Su ideal consiste en alcanzar, a través de un entrenamiento persistente, una vida en comunión con el corazón de la naturaleza, «alimentándose con las ambrosíacas gotas del rocío, inhalando neblinas y éter cósmico». El taoísta que alcanza esta condición ideal se llama Sennin u «Hombre de la Montaña», y se supone que ronda libremente por los aires, llevando una vida inmortal. El ideal de la existencia inmortal estuvo (y está) a menudo combinado con el ideal budista de una emancipación perfecta de las pasiones humanas, y esta religión de misticismo naturalista fue el origen natural de muchos relatos imaginarios de hombres y superhombres que vivieron en el «corazón de la naturaleza» y llevaron a cabo sus hazañas milagrosas en virtud de su mérito religioso.

Aparte de los milagros atribuidos a esos «hombres de las montañas», algunas de las personificaciones populares de objetos naturales deben su origen a una combinación de creencias taoístas con el naturalismo budista, representada por la escuela Zen. Veremos uno de esos ejemplos en la historia de la «Doncella de la Montaña».

El ambiente físico de los japoneses y las influencias religiosas que se han mencionado fueron favorables a un crecimiento opulento del cuento y la leyenda en que los fenómenos de la naturaleza eran personificados y desempeñados libremente por la imaginación. Sin embargo, hubo una fuerza contraria: el confucianismo.

Las enseñanzas de Confucio fueron racionalistas, y su ética tendía a coartar la imaginación humana y a limitar la actividad del ser humano a la esfera de la vida cívica. Aunque la influencia de las ideas de Confucio quedó limitada en el Japón antiguo a las instituciones sociales y cívicas, esas ideas no desalentaron el desarrollo de las creaciones imaginativas y folclóricas. Había mitos y leyendas en la China antigua, pero Confucio los despreció y ridiculizó. Los literatos confucianistas del Japón, a su vez, consideraron con desdén esos cuentos románticos. Especialmente durante los trescientos años existentes entre los siglos XVII y XIX, el completo dominio de la ética confucianista como la moral normal de las clases rectoras, significó un enorme obstáculo para el desenvolvimiento natural del poder imaginativo de la raza[8]. Sin embargo, las antiguas tradiciones se conservaron en el pueblo, y en Japón existe por eso una gran cantidad de mitos y leyendas casi sin rival en las demás naciones.

Al considerar la mitología y el folclore de los japoneses, es conveniente dividir tales historias en cuatro clases, que son: 1) mitos e historias de origen cosmológico, o mitos explicativos; 2) productos de la imaginación, o sea cuentos mágicos y vuelos similares de la fantasía; 3) el juego del interés romántico en la vida humana, o sea, las románticas historias de amor y los cuentos heroicos, y 4)

---

[8] Es un hecho curioso que el más importante escritor de cuentos moderno, Iwaya, conocido de los niños como «Tío Sazanami». fuese escritor después de una larga lucha contra la resistencia de su padre, que era un sabio confucianista.

---

historias contadas por su lección moral, o las que pueden interpretarse como moralejas implícitas: fábulas o historias didácticas, junto con el humor y la sátira.[9]

---

[9] La intención del autor fue hablar de las fuentes originales para el tratamiento de este tema y de los diferentes períodos de formación de la mitología y el folclore japoneses, pero algunos puntos referentes a diversos períodos ya se tocan en algunos temas particulares.

Capítulo I

MITOS Y RELATOS COSMOLÓGICOS
DE LOS ORÍGENES

I. GENERACIÓN ESPONTÁNEA: VIDA Y MUERTE

La mitología japonesa, como las mitologías de muchos países, nada sabe respecto a la creación por mandato, sino que postula el origen de las cosas por generación espontánea y su desarrollo por sucesión generadora. La explicación del origen del universo por la creación es grande; los mitos de la generación espontánea y su transformación son consoladores. La primera es monoteísta, ya que todo depende, en su creación, de la voluntad y el poder de un creador todopoderoso; la segunda es hilozoísta o panteísta, pues todas las existencias se deben a su inherente vitalidad. Fue este primitivo concepto japonés de las cosas lo que se manifestó en el animismo shinto y, más adelante, armonizó con el panteísmo budista.

Naturalmente, existía cierta diferencia entre el animismo shinto y el panpsiquismo budista. El primero postulaba la metamorfosis por azar, o por la voluntad arbitraria de una deidad, mientras que el segundo explicaba todo cambio por la ley de causación, tanto física como moral, negando los cambios por el azar. Sin embargo, esta diferencia teórica no ofrecía graves obstáculos a una armonía entre los dos conceptos, y las mitologías se formaron a partir de ambos; la metamorfosis arbitraria del concepto shinto fue modificado por el concepto budista de la transformación causal, y este se extendió simplemente en la mente popular por una idea más floja de la causación. Al final, la combinación de estos dos conceptos convirtió en universal la creencia en que todo está dotado de una vitalidad innata, y todo cambia dentro de sí y por las circunstancias externas. La aplicación de esta idea a todas las existencias da la pauta de todos los mitos y cuentos japoneses.

Al principio, como nos dicen los antiguos relatos' del shinto, había el caos, como un mar de aceite. De aquel primer caos surgió algo como el vástago de un junco. Resultó ser una deidad que fue llamada El Señor Eterno Ordenador[10], y con él se generaron dos deidades llamadas respectivamente dios-Productor de lo Alto y la diosa Productora de lo Divino.[11] No se dice explícitamente que fuesen esposa y esposo, pero es muy probable que como tales fueran concebidos. De todos modos, los tres se consideran la triada original de la generación de dioses, hombres y cosas. Pero casi nada más se sabe de ellos, excepto que algunos clanes aseguran descender de uno a otro de ellos, y que el Alto Dios Productor a veces se aparece detrás de la diosa Sol, como si fuese su noúmeno o asociado.

A la primitiva triada le siguió una serie de dioses y diosas, probablemente por parejas, siendo seguramente personificaciones de fuerzas germinadoras, como el lodo, el vapor y las simientes. Se dice que todo esto estaba «oculto en sí mismo», o sea, muerto, pero no según el concepto de la mortalidad humana. Tras una sucesión de generaciones y desapariciones espontáneas, pareció una pareja destinada a generar muchas cosas y dioses de gran importancia. Fueron el «Macho-que-invita» (Izanagi) y la «Hembra-que-invita» (Izanami),[12] y hemos de saber más acerca de los dos.

Estas dos deidades fueron enviadas al mundo por «orden de las deidades celestiales» a fin de traer cosas a la tierra. Descendieron de su morada por el «Fuente Flotante del Cielo».[13] La deidad macho tanteó a través del espacio con su espada y las gotas de agua salada de la punta de su espada se coagularon en un islote llamado Onokoro,[14] es decir: «Autocoagulante». Después, aterrizaron allí y se casaron, y más tarde dieron la vuelta al islote en direcciones opuestas y se hallaron en el extremo más lejano. El primer hijo nacido fue un ser abortado, como una medusa, debido a una falta de la diosa durante la ceremonia de la boda. Ese niño fue arrojado al agua. Más tarde tuvieron muchas cosas, o deidades, como el mar, las cascadas, el viento, los árboles, las montañas, los campos, etcétera. Fue por la fuerza del dios-Viento que se dispersó la primera bruma y se divisaron con claridad los objetos. Después del nacimiento de

---

[10] Kuni-toko-tachi, o sea: "El que está perpetuamente sobre el mundo" o Amenominaka-nashi, o "El Señor del Centro del Cielo". Se discute si los dos eran uno y el mismo o dos deidades diferentes.

[11] Taka-mi-musubi y Kami-mi-masubi. Kami, del último nombre, se traduce por «divino», y significa «milagroso».

[12] Izana-gi e Izana-mi. Siendo *gi* masculino y *mi* femenino.

[13] A menudo se interpreta como arco iris.

[14] Aston y otros ven aquí un rastro de falicismo. Cf. el mito hindú de Pra-manthyus.

éstas y otras deidades, incluyendo las islas del archipiélago japonés (y, según una versión, también los gobernantes del universo: el sol, la luna y la tormenta), el nacimiento de los dioses del fuego fue fatal a la diosa Izanami. Su muerte fue semejante a la de cualquier ser humano, a causa de unas fiebres, pudiendo éste ser llamado el primer caso de mortalidad humana. Tras su muerte, descendió al Hades.[15]

La muerte de la diosa madre es el comienzo de la antítesis entre la vida y la muerte y de los demás ciclos de similares contrastes, como la luz y las tinieblas, el orden y el desorden, etcétera.

La diosa Izanami falleció y bajó al Hades japonés, Yomot-su-kuni («Tierra de la oscuridad»). Su esposo Izanagi, como Orfeo, la siguió a la morada subterránea. La diosa le pidió que no la siguiese. Pero, ansioso por verla, su marido encendió una antorcha y, en la oscuridad del pozo, distinguió la terrible y pútrida figura de la diosa. Ésta se encolerizó ante la desobediencia de su esposo y, deseando castigarlo encerrándolo también en la Tierra de la Oscuridad, le persiguió cuando él huyó. La diosa invocó a todas las Furias (Shikomé, «las hembras de la gran fealdad») y a los fantasmas del lugar, y casi lo atraparon, pero él arrojó hacia atrás racimos de uva silvestre y vástagos de bambú que crecían en su pelambrera, y las Furias se detuvieron para comer tales frutos. Al cabo de diversas escapadas y experiencias extraordinarias, el dios logró llegar a la frontera entre el Hades y el mundo terrenal. Las Furias y los fantasmas dejaron de perseguirle, pero la diosa llegó hasta el límite del mundo. Allí, su esposo levantó una roca enorme y bloqueó la abertura que llevaba al mundo superior.

La diosa exclamó, terriblemente furiosa:

—A partir de ahora haré que mueran cada día un millar de los vasallos de tu reino.

---

[15] Podría ser de interés citar el paralelismo Ainu de la pareja primitiva. Según esto, la pareja accedió a colaborar en la construcción de la isla de Yeso. El esposo empezó por el lado oriental y la mujer por el occidental. Mientras la deidad masculina trabajaba arduamente en la parte oriental, la femenina se entretenía charlando con otras diosas, y en consecuencia su labor iba atrasándose en relación con la de su marido. Así, cuando éste hubo terminado su tarea, la diosa finalizó la suya apresuradamente, y por eso las costas occidentales son rocosas y abruptas, mientras que las orientales son mis bajas y menos recortadas.

—Y yo daré nacimiento —replicó el dios— a mil quinientos todos los días.

Las dos deidades llegaron a un compromiso final, y desde entonces los nacimientos y las muertes en el mundo se mantienen en esta proporción. Gracias a esta ruptura de la pareja primitiva que engendró todas las cosas de este mundo, advino la división entre la vida y la muerte Veamos ahora cómo se desarrolló la antítesis en otro ciclo místico.

Cuando el dios varón consiguió escapar de la captura por parte de los espíritus de las tinieblas y la muerte, se purificó, según los usos antiguos, en un río. La contaminación debida a su contacto con la muerte en la Tierra de la Oscuridad fue así ahuyentada poco a poco.

Grabado que reproduce uno de los mitos de la creación japonesa. Representa a Izanami e Izanagui.

De esas manchas surgieron varios espíritus del mal y también espíritus protectores contra ese mal, las deidades de los rápidos, de los torbellinos, etcétera. El último en nacer fue la Diosa-Sol, la «Deidad que ilumina el Cielo» (Ama-terasu), del ojo izquierdo del dios-Padre; el dios-Luna, el «Guardián de la Noche Iluminada» (Tsu-ki-yo-mi), del ojo derecho; y el dios-Tormenta, la «Deidad de impetuosa rapidez» (Susa-no-wo), de su nariz. De los tres, el dios-Luna se redujo a una insignificancia, y los otros dos iniciaron su lucha.

II. LOS GOBERNANTES DEL MUNDO:

LA LUCHA ENTRE LA DIOSA-SOL Y EL DIOS-TORMENTA

La hermana mayor, la diosa-Sol, resplandecía en su apostura, dignificada con su atuendo, de carácter magnánimo y benigno, y brillaba gloriosamente en el cielo. Tenía a su cargo el gobierno de los cielos. Por otra parte, el hermano menor, el dios-Tormenta, tenía un aspecto oscuro, llevaba barba, era de carácter furioso e impetuoso, aunque su cuerpo mostraba una gran fortaleza. El mar era el reino a él confiado. Mientras la diosa-Sol cumplía sus deberes y se ocupaba en promocionar la vida y la luz, el dios-Tormenta descuidaba su reino y provocaba toda clase de alborotos y revueltas. Llorando y rabiando, declaraba que añoraba la morada de su madre, y en sus transportes de furor destruía todo lo que ordenaba sensatamente su hermana, como los trabajos de irrigación de los arrozales, e incluso los lugares sagrados dispuestos para las fiestas de la nueva cosecha. La división de los reinos hecha por el dios-Padre condujo a interminables conflictos entre la agente de vida, luz, orden y civilización, y el autor del desorden, la destrucción, la oscuridad y la muerte. Así, vemos la antítesis entre el macho primitivo y las deidades femeninas, cuyo resultado ha sido la lucha entre la vida y la muerte, transferida a un conflicto más desesperado entre la diosa-Sol y el dios-Tormenta.

Un episodio interesante de la historia es la visita del dios-Tormenta a la morada celeste de su hermana, que terminó en un compromiso entre ambos. Cuando la diosa-Sol vio que su hermano subía hacia su reino, «la Pradera del Cielo» (Taka-ma-no-hata), estuvo segura de que deseaba usurparle este dominio y se dispuso a recibirle bien armada y con instrumentos mortales en la mano. Cuando al fin el dios-Tormenta se le enfrentó a través del río celestial Yasu[16], explicó que no abrigaba malvados designios sino que sólo deseaba despedirse de su hermana antes de regresar a la morada de su

---

[14] El nombre Yasu suele interpretarse como «paz». Pero según otra interpretación significa "muchos bancos de arena" o "ancha cuenca del río". La base natural del concepto podría ser la Vía láctea o el Arco Iris.

madre. A fin de testimoniar la mutua confianza así establecida, accedieron a intercambiar sus bienes y a tener hijos.

La diosa-Sol le entregó sus joyas al hermano, y el dios-Tormenta le dio a ella su espada. Los dos bebieron del manantial celeste en la cuenca del río y se llevaron a la boca las prendas intercambiadas. De la espada en la boca de la diosa-Sol surgió la diosa de los rápidos y los torbellinos y, finalmente, un espléndido joven, a la que ella llamó su querido hijo. De las joyas en la boca del dios-Tormenta se produjeron los dioses de la luz y la vitalidad.

Así concluyó el encuentro a orillas del río Yasu con muestras de confianza mutua que, no obstante, sólo fueron temporales.

A pesar de su entendimiento, el dios-Tormenta no cambió de conducta ultrajante, incluso destruyó los arrozales construidos por la diosa-Sol y contaminó sus más santas observancias. Tras tan intolerables ofensas, no sólo contra ella sino contra las sagradas ceremonias instituidas, la diosa-Sol se escondió de las atrocidades cometidas por su hermano en una cueva celestial. La fuente de luz desapareció, todo el mundo se oscureció y los espíritus del mal asolaron el mundo.

Ahora, ocho millones de dioses, confusos y mohínos, se reunieron delante de la cueva, y se consultaron para saber cómo podía restaurarse la luz. Como resultado de tal consulta, surgieron multitud de cosas de eficacia divina, como los espejos, las espadas, y las ofrendas de telas. Se irguieron los árboles, que fueron adornados con joyas; se produjeron gallos que podían cacarear eternamente; se encendieron hogueras, y una diosa llamada Uzume[17] interpretó una danza con alegre acompañamiento musical. La extraña danza de Uzume divirtió tanto a los dioses allí reunidos que sus risas hicieron temblar la tierra.

La diosa-Sol oyó aquel ruido desde su cueva y sintió curiosidad por saber qué ocurría. Tan pronto como abrió una abertura en la cueva y se asomó, un dios poderoso ensanchó el agujero y la sacó por la fuerza, mientras los demás dioses le impedían volver a la

---

[17] El nombre Uzume significa "bendición", "maravilla". Usualmente se representaba como una mujer de expresión feliz, con una cara redonda y achatada.

cueva. Así reapareció la diosa-Sol. El universo volvió a estar brillantemente iluminado, el mal se desvaneció como una bruma, y el orden y la paz prevalecieron sobre la faz de la tierra. Cuando la diosa-Sol reapareció, los ocho millones de deidades formaron un jubiloso tumulto y sus risas penetraron todo el universo. Ésta es la alegre culminación de todo el ciclo del mito cosmológico, y es un dato interesante que en los tiempos modernos se hayan adaptado partes de *La creación* de Haydn a los cantos corales que describen esta escena.

Tal vez este episodio representase originalmente la reaparición de la luz y el calor después de una gran tormenta o de un eclipse total del sol. Pero los compiladores de los sucesos mitológicos también pensaban en una exaltación del mando supremo de la antepasada Imperial, amenazada por algún tiempo con el peligro de un usurpador, de la victoria del orden y la paz sobre la barbarie, del gobierno imperial sobre los rebeldes traidores. Aunque existen muchas razones para creer que hubo una base puramente natural para el mito de la diosa-Sol y el dios-Tormenta, los sintoístas lo han interpretado como un hito histórico, celebrando el triunfo del mando imperial. Esta interpretación no deja de acercarse a la verdad si consideramos que tratamos con un mito de fenómenos naturales combinados con una visión de la vida social, o sea una mezcla de lo que los sabios alemanes llaman *Natur-mythus* y *Kuliur-mythus.*

III. MÁS CONFLICTOS Y COMPROMISOS

El gobierno de la diosa-Sol fue restablecido y los dioses reunidos decidieron castigar al cruel dios-Tormenta. Le arrancaron la barba, le confiscaron sus bienes y fue sentenciado al destierro. Entonces, el dios dio comienzo a sus vagabundeos y aventuras.

Descendió a la región de Izumo, en la costa del Mar del Japón. Allí mató a una serpiente monstruosa, que tenía ocho cabezas. Cuando despedazó el cuerpo del monstruo, de su cola surgió una espada, y Susa-no-wo, el dios-Tormenta, se la envió a su diosa hermana como tributo para ella y sus descendientes. Se dice que esa espada pasa de uno a otro familiar como una de sus insignias, siendo las otras dos un joyel y un espejo.[18]

Debemos pasar por alto otras aventuras de Susa-no-wo, pero es interesante saber que se le considera el pionero de la colonización de Corea y que fue el quien plantó los bosques en la región de Kii en la costa del Pacífico. El lugar que visitó en Corea se llama Soshimori, que significa «Cabeza de Buey», en cuya capacidad es reverenciado como guardián contra las plagas e identificado con Indra, el dios-Tormenta hindú. La historia de sus tareas en Kii, nombre que podría significar «bosques», es que descendió desde Izumo a la costa del Pacífico y plantó las montañas con cabellos de su cabeza y su barba, los cuales se convirtieron en árboles. Hay un paraje en la costa oriental de Kii en el que se dice que se halla la tumba de Susa-no-wo, y los habitantes del lugar celebran una fiesta cubriendo dicha tumba con flores. Así se ha transformado al dios-Tormenta en el genio de los bosques.

Pero el territorio principal de la actividad de Susa-no-wo fue Izumo. Se cree que allí sus descendientes reinan desde aquella época, habiendo instituido un régimen teocrático relacionado con el

---

[18] Se habla más de esta historia en el Capítulo II.

sacerdocio del santuario de Kitsuki, dedicado a él y a sus hijos.[19] Aquí termina el mito puramente cosmológico y empieza el relato casi histórico, en que el nieto de la diosa-Sol y el yerno de Susa-no-wo desempeñan los papeles principales.

El sucesor de Susa-no-wo fue Oh-kuni-nushi, «Gran Amo de la Tierra». La historia de su casamiento con una hija de Susa-no-wo es la misma de cualquier joven raptada sin el consentimiento de su padre o de ella misma. Mientras Susa-no-wo dormía, Oh-kuni-nushi ató su cabellera a las vigas de la casa y huyó con su hija, junto con los tres preciosos bienes de su padre: una espada, un arco y las flechas, y un arpa. Fue esta la que despertó a Susa-no-wo, tocando sola mientras huía Oh-kuni-nushi, pero este logró escapar mientras Susa-no-wo iba perdiendo sus cabellos, pese a lo cual persiguió al raptor. Ni bien lo atrapó exclamó, al parecer admirado por su astucia: «Sí, te concederé mi hija junto con los tesoros. Gobernarás el país y te llamarás Utsuslii-kuni-dama, o sea "el Alma de la Tierra Hermosa"».[20]

Para el gobierno del país y el desarrollo de sus recursos, el Gran Amo de la Tierra halló un poderoso auxiliar en un dios enano llamado Suku-na-biko, «El Hombrecito famoso». Este personaje abordó al Amo de la Tierra cuando éste se hallaba en la playa, viniendo desde el mar en una almadía, ataviado con alas de alevilla y un manto de plumas. El Amo de la Tierra cogió al enano en la palma de su mano y se enteró de que era hijo de la diosa Productora de lo Divino y conocedor del arte de la Medicina. Los dos llegaron a ser como hermanos y colaboraron en el desarrollo de la tierra, cultivando diversas plantas útiles y curando las enfermedades del pueblo.

Hay varias historias divertidas relativas a ese dios enano, y algunos de los cuentos de enanos y elfos se derivan de ellos. Sus piernas eran tan cortas que no podía andar, pero sabía todo lo del mundo e iba a todas partes. Su final fue muy especial. Mientras el

---

[19] De su capilla de Kitsuki hablaremos más de una vez. Cf. también N.L. Schwartz, "The Great Shrine of Idzumo", *TASJ*, XLI, 1918.

[20] Hay varios nombres de este dios. Se trata, al parecer, de varias personalidades combinadas en una sola.

mijo de sus campos[21] maduraba, él trepó a una de sus espigas y cuando el tallo se balanceó, el enano fue arrojado tan lejos que nunca volvió, ya que saltó hasta Tokoyo, «la Tierra de la Eternidad». Sin embargo, se cree que ese enano todavía se aparece y conduce a la gente a sitios donde hay manantiales curativos. Por eso se le suele llamar «el dios de las aguas termales», función bastante natural para una divinidad médica.

La actividad conjunta de ambas deidades estableció la administración de Susa-no-wo en Izumo, donde se fundó un Estado. Mientras tanto, la diosa-Sol deseó enviar a su amado nieto Ninigi («Hombre Prosperidad») a las ocho islas (el archipiélago japonés) engendradas por la primera pareja. Después de algunos fracasos, sus embajadores lograron al fin obtener lo mejor de los gobernantes de Izumo y los Estados contiguos. El más interesante de todos los episodios es el de la subyugación de Izumo, pues trata de los conflictos y el compromiso final entre los dos clanes: los descendientes de la diosa-Sol y los del dios-Tormenta respectivamente.

Esta es la historia: sabedora de las dificultades de la empresa, la diosa-Sol envió a dos de sus mejores generales, Futsu-nushi (El Señor del Filo Agudo, el genio de las armas) y Take-mi-kazuchi («el Valiente Trueno de agosto») al reino de Oh-kuni-nushi. Tras una larga resistencia, Oh-kuni-nushi y sus hijos, los amos de Izumo, cedieron a las peticiones de los embajadores armados, según las cuales Izumo debía ser gobernado por el augusto nieto de la diosa-Sol. Pero se impuso una condición: que todo el poder del mundo visible debía ser entregado al nieto, mientras que las cosas «ocultas» estarían sujetas al poder del Gran Amo de la Tierra y sus descendientes. Por «cosas ocultas» se referían a todos los misterios situados más allá del mundo físico visible, las artes ocultas de la adivinación, la brujería, el exorcismo y las artes médicas.

El largo conflicto entre ambas partes concluyó con este pacto, que estaba de acuerdo con la ordenanza original dictada por el primer progenitor. El ciclo de la antítesis, entre la vida y la muerte,

---

[21] Situados en la isla de Awa, refiriéndose probablemente a la península del ángulo sudoeste de Japón. "Tierra de Eternidad" se situaba más allá de la extensión del Océano Pacífico.

entre la luz y las tinieblas, entre la sabiduría y la barbarie, no dio lugar a un dualismo trágico contra el que era preciso luchar, como en otras mitologías, sino que acabó en un compromiso que caracterizó a la filosofía de la vida japonesa, hasta que el budismo oscureció estas primitivas creencias. La parte legendaria de esta historia japonesa menciona a menudo, en relación con varias desventuras, la demanda del Gran Amo de la Tierra sobre conciliación y la ayuda del consejo de la diosa-Sol dado en nombre de su colega, la diosa Productora de lo Divino.

Después del relato del entendimiento entre la diosa-Sol y el dios-Tormenta viene la historia del descenso de Ninigi, el Augusto Nieto de la diosa-Sol, al archipiélago japonés. Esta historia ya se menciona en la Introducción, y con ella termina la mitología cosmológica y la historia legendaria del país, empezando la del gobierno de la dinastía reinante.

IV. EPISODIOS Y MITOS DE LOS ORÍGENES

El ciclo de los mitos cosmológicos tiene como objetivo dilucidar el origen y la formación del mundo, de los objetos naturales y, lo que es mucho más importante según opinión de los compiladores de las antiguas tradiciones, el origen de la dinastía reinante. Al delinear la antigua mitología hemos omitido muchos episodios que sirven para explicar el origen de los objetos naturales, de las costumbres sociales y de las instituciones humanas. En estos mitos de los orígenes, la imaginación poética colaboró con las ideas supersticiosas, y los conceptos generales del mundo y la vida se combinaron con la creencia en la eficacia de las ceremonias. Sin embargo, algunas deberían quedar bien establecidas.

El dios-Luna, como dijimos, desempeña un papel muy pequeño en la mitología, pero existe una historia sobre él que sirve a dos propósitos. Es ésta:

La diosa-Sol le dijo en cierta ocasión a su hermano, el dios-Luna, que bajase a la Tierra y viese lo que hacía una diosa llamada Uke-mochi, «el genio de la Comida». El dios-Luna bajó al sitio donde estaba Ukemochi, cerca de un gran árbol-katsura[22]. El genio de los alimentos, al ver bajar al dios celestial, acto seguido de su boca salió cierta cantidad de arroz hervido; cuando volvió su cara al mar, salieron de su boca peces de todos los tamaños; y cuando miró hacia las montañas vomitó toda clase de animales de caza. En vez de apreciar esta diversión, el dios-Luna se enfureció por ofrecerle la diosa cosas salidas de su boca, llegando a matar a su desdichada anfitriona. Al momento, del cuerpo de la diosa-Comida salieron diversos alimentos: el caballo y la vaca nacieron de su cabeza; sus cejas produjeron las lombrices; su frente dio el mijo; el arroz surgió de su abdomen, etcétera.[23] Tal fue el origen de estas cosas útiles.

---

[22] Más adelante veremos la relación entre este árbol y la luna.
[23] Señaló el doctor S. Kanazawa que la correspondencia de esos productos con las partes del cuerpo forman un juego de palabras, no en japonés sino en coreano. Los

Cuando el dios-Luna regresó a los cielos y le contó a su hermana aquella experiencia, la diosa-Sol se enfadó contra la irritabilidad y crueldad de aquél y le recriminó:

—¡Oh, hermano cruel, no quiero verte nunca más!

Por esto la Luna sólo aparece después de la puesta de sol, y los dos jamás se encuentran cara a cara.

Otra historia relata el origen de una ceremonia que sirve para solicitar los favores del dios de las Cosechas.

Cuando el Gran Amo de la Tierra cultivaba sus arrozales, les dio a sus trabajadores carne de vaca como comida. Entonces llegó un hijo de Mitoshi-na-kami, dios de las Cosechas, el cual vio los campos manchados por las impurezas causadas por la ingestión de la carne.

Se lo refirió a su padre y el dios de las Cosechas envió a los campos una nube de langostas que al momento devoraron todas las plantas de arroz. Gracias a sus poderes de adivinación, el Gran Amo de la Tierra supo que aquella catástrofe había sido producida por el dios de las Cosechas y a fin de reconquistar el favor de dicho dios le ofreció un jabalí blanco, un caballo blanco y un gallo blanco. El dios de las Cosechas se apaciguó y le enseñó al otro a restaurar sus arrozales, a esparcir el cáñamo, a erguir un falo y a ofrecerle varios frutos y bayas. Las langostas se alejaron y el dios de las Cosechas quedó aplacado. Desde entonces, los tres animales mencionados fueron siempre ofrecidos al dios de las Cosechas.[24] Esta es una historia sencilla de propiciación, pero lo más curioso es que comer ternera debe considerarse una ofensa contra el dios de las Cosechas.

Ya hemos visto cómo la relación entre los nacimientos y las muertes tuvo su origen en una disputa entre las primitivas

---

paralelismos en coreano son como sigue: *morí* por cabeza y *mar* por caballo; *nun* por ojos y *nuc* por gusano de seda; *pai* por vientre y *pió* por arroz; *pochi* por los genitales y *pori* por trigo; *kui* por orejas y *kuiri* por pánico; *kho* por nariz y *khong* por cereales (el *Teikoku Bungaku,* 1907, págs. 99 y ss.) Esto parece demostrar la hipótesis de que la historia llegó a Japón desde Corea, o que se originó antes de la separación de ambos pueblos.

[24] A Tatsuta-hime, la diosa del viento y el clima, le ofrecían un caballo blanco, lo mismo que al genio del otoño, cuando se imploraba la lluvia. Se ofrecía un caballo negro al hacer rogativas para que cesase la lluvia. Hablaremos más de esta diosa.

deidades. Bien, existe una curiosa historia que explica la corta vida de los príncipes imperiales.

Ko-no-hana-akuya-hime, «la Dama que hace florecer los árboles», era la hermosa hija de Oh-yama-tsumi, el dios de las Montañas y su hermana mayor era la fea Ivva-naga-tsumi, «la Dama de la perpetuidad de las Rocas». Cuando Ninigi, el Augusto Nieto, descendió a la Tierra se sintió atraído por la belleza de la Dama Florida y le pidió a su padre el consentimiento para casarse con ella. El padre le ofreció sus dos hijas, pero la elección de Ninigi recayó en la menor. No tardó la Dama Florida en tener un hijo. La Dama Roca exclamó:

—Si el Augusto Nieto me hubiera tomado por esposa, sus descendientes habrían gozado de una larga vida, tan eterna como una roca; mas como se casó con mi hermana menor su posteridad será frágil y de vida breve como las flores de los árboles.

Los árboles a los que se refería eran los cerezos, y la historia probablemente tuvo su origen al pie del Monte Fuji. El Fuji es un elevado volcán y en su cumbre las rocas desnudas se alzan como desafiando al cielo, mientras que su parte inferior está cubierta de árboles y arbustos. Muy común es la especie de cerezo silvestre con ramas colgantes y delicadas flores. La Dama Florida es adorada en un paraje amable donde el agua fría fluye de la roca virginal y su capilla está rodeada por un bosquecillo de esta clase de cerezos. El santuario está allí desde tiempo inmemorial y la personificación del Padre de las Montañas y sus dos hijas debe de ser muy antigua.

En la historia, los objetos personificados tienen relación con la familia imperial y el mito se cambia en una explicación de la corta vida de sus miembros. En este proceso, la historia ha perdido gran parte de su carácter primitivo y, no obstante, es interesante la transformación de una leyenda local, elaborada con fantasía poética, en un mito explicativo. En otras historias y en representaciones pictóricas, la Dama Florida es un hada que planea sobre los árboles, esparciendo por el cielo nubes rosadas de flores de cerezo. También se la llama «el genio de las cerezas», porque a estos frutos, a veces, se les denomina «flores».

La homóloga de la Dama Florida es Tatsuta-hime, «La Dama que teje el brocado» (de hojas otoñales). Seguramente fue en su origen una diosa del viento y, por tanto, del tiempo climático, pero como el lugar donde se alza su capilla, Tatsuta, era famoso por sus arces magníficamente coloreados en otoño, se la conoció mejor como el genio del otoño. Otra diosa, el genio de la primavera, de nombre Saho-yama-hime, también se menciona en varios poemas. Su nombre deriva probablemente de la colina Sahoyama, que se eleva al este de Nara (la residencia imperial durante gran parte del siglo VIII), puesto que el este se considera el sitio por donde viene la primavera. Asimismo, hay que tener en cuenta que el río Tatsuta está al oeste de Kara, y el oeste es la región por donde aparece el otoño.

De los muchos poemas que hablan de estas dos diosas, elegimos dos de la versión inglesa hecha por Clara A. Walsh[25].

La diosa de la Primavera ha extendido

sobre el florido sauce

su amable tejido de hilos de seda;

¡Oh, viento primaveral, sopla con suavidad

y dulzura para que se enreden los hilos del sauce!

Y:

Diosa buena de los pálidos cielos de otoño,

quisiera saber cuántos telares posee,

[25] C. A. Walsh, *The Master Singers of Japan* (en la serie *Wisdom of the East*), págs. 74, 84.

pues cuando teje hábilmente su tapicería

deja su fino brocado de hojas de arce...

Y en cada monte, a cada ráfaga de viento,

en distintos matices su vasto bordado resplandece.

La antigua mitología del Japón se halla curiosamente desprovista de historias relativas a las estrellas. Se hizo una leve referencia en relación con el funeral de Amo-no-Waka-hiko, «el Joven celestial», después de cuya muerte un amigo suyo fue confundido con él. En la canción entonada por la esposa de aquél en la que explica que él no es Waka-hiko sino su amigo, la palabra *tana-bata* se usa para describir los brillantes rasgos del que brilla en el Cielo, porque el funeral de Waka-hiko tuvo lugar en el Cielo.

Tana-bata aunque de etimología oscura, es una fiesta celebrada la noche del séptimo mes lunar en honor de las dos constelaciones estelares llamadas el Partos y la Tejedora. La historia de ambas es que pueden encontrarse en los dos lados del Ama-no-kaca, «el Río Celeste» en esa noche, sólo una vez, ésta, al año. Evidentemente, esta historia procede de China. Su carácter romántico gustó a los japoneses desde el principio y la fiesta lleva muchos siglos celebrándose.

La referencia a *tana-bata*, por tanto, no es una parte integral de la mitología japonesa, sino una alusión figurativa que todos los japoneses deben entender y apreciar. Pero la historia de la celebración estaba tan completamente naturalizada que para la misma se empleó un vocablo japonés.

El interés que tuvieron los poetas japoneses por esta historia queda ilustrado por un poema del siglo VIII que reproducimos de *Master Singers of Japan*, de Walsh.

La brillante corriente del Río Celeste reluce,

una cinta de plata fluye en color azul,

y en la orilla donde su resplandor espejea,

el solitario Pastor vuelve a sentir su pena.

Desde los tiempos en que el mundo era joven,

su alma ha suspirado por la Tejedora,

y viendo esa corriente un corazón se oprime

con un pensamiento de amor ardiente, de pasión eterna.

Ansioso cruzaría el río en una barca pintada de rojo,

provista de remos poderosos brillantes de espuma,

para surcar las aguas con la quilla al oscurecer,

o cruzarlo al amanecer en la tranquila marea.

Así espera el amante en esas anchas aguas,

contemplando sosegadamente el abovedado cielo,

así está el amante en la marea resplandeciente,

exhalando los suspiros de un corazón desesperado.

Y ve ondear la cinta que adorna la cabeza de la Tejedora,

con la que juega el viento bravío,

y con los brazos extendidos, su alma se inflama de amor,

mientras el otoño se demora

y no hay alas veloces que abran camino a su deseo.

La celebración de esa fiesta es hoy día universal, observada mayormente por jóvenes y mujeres. Plantan cañas de bambú y cuelgan papeles coloreados de las ramas de los árboles, y en esos papeles escriben poesías en alabanza a las dos estrellas, o bien plegarias pidiéndoles sus favores en los asuntos amorosos. Atan hilos de colores en los bambúes, como ofrendas a la Tejedora, simbolizando el ansia nunca saciada de amor. Aparte de estas ofrendas, las mujeres vierten agua en una jofaina y ponen en ella las hojas del árbol *Jeaji*, mirando los reflejos de las parpadeantes estrellas en el agua. Creen que así hallarán conjuros en el agua y las hojas.

Postal conmemorativa del festival Tana Bata de la ciudad de Edo a principios del Siglo XX.

Fotografía de la Asociación cultural japonesa Wakai

V. LAS CREENCIAS RELATIVAS AL ALMA

Pese a la prevalente creencia animista, no hay muchas menciones del alma en los antiguos escritos sintoístas. Se concebía el alma como una bola, tal como indica su nombre *tama-shu*o «bola de viento». Se componía de dos ingredientes o funciones: una suave, refinada y feliz, y la otra tosca, cruel y vigorosa. El primero siempre está junto al cuerpo, pero la segunda puede abandonar o y funcionar más allá de la comprensión de la persona a la que pertenece. Se decía que el Gran Amo de la Tierra vio en cierta ocasión, ante su enorme asombro, a su «alma tosca» viniendo del mar, y que esa alma era el agente principal de sus logros. Sin embargo, se ignora si todos los individuos poseen un alma doble o sólo los hombres que tienen un poder y una capacidad especiales. Sea como sea, el alma es una existencia que se halla más o menos fuera de los confines del cuerpo, aunque también se ignora si el alma, después de la muerte del cuerpo, va necesariamente a una de las moradas futuras.

Respecto a esas moradas futuras, ya se ha hablado de la Tierra de la Penumbra, cuya antítesis es la Pradera del Alto Cielo, donde reinan los dioses celestiales. De todos modos, más extendida que la creencia en estos lugares lo está la de que el alma, después de la muerte, se queda durante un tiempo indefinido cerca de la morada de los seres humanos.

Las antiguas creencias sobre el alma, no obstante, eran vagas y poco importantes, siendo principalmente bajo la influencia china y budista, de forma especial de la última, que los japoneses definieron y elaboraron sus ideas acerca del alma y de su futuro destino. Veamos cuáles eran estas ideas.

El concepto chino del alma se basaba en la teoría de los dos principios: el Yin y el Yang. Según éstos, el alma se compone de dos factores, uno estrechamente relacionado con la materia grosera y el otro sutil y aéreo. Los destinos de estos dos factores vienen determinados en parte por el lugar del entierro. Pero estas ideas no influyeron a los japoneses tanto como las enseñanzas elaboradas del budismo sobre el asunto de la transmigración.

Hablando en propiedad, el budismo negaba un lugar de descanso permanente al alma y enseñaba un proceso de cambio en un carácter moral del hombre. Esta continuidad, la continuidad en serie y colateral del karma, como ya dijimos, era un rasgo del alma en la creencia común, y su destino era una transmigración de reino a reino, desde el mundo celestial al peor de los infiernos[26]. La mitología budista está llena de detalles minuciosos acerca de la peregrinación del alma hacia y desde esos reinos, y se creía que se aparecían a los seres humanos los fantasmas de los que deambulaban con incertidumbre entre tales reinos. Uno de los cuentos más populares respecto a los vagabundeos del alma dice que hay un río en cuya orilla el alma puede decidir adonde ha de ir. El río se llama Sanzuno-Kawa, «Río de las Tres Rutas», porque los senderos salen en tres direcciones: uno al infierno, el segundo hacia la vida animal, y el tercero al reino de los «fantasmas hambrientos» (en sánscrito, pretas). En estos tres senderos hay varios puntos en los que el alma es examinada por los jueces, los Platones del budismo; y finalmente hay el temible juez-rey, Emma (en sánscrito, Yama-raja), en el infierno, que dictaba la sentencia del castigo según los pecados de las almas que llegaban ante él. A menudo se pintaban las escenas como las representaciones gráficas del Juicio Final y las penas del infierno, todo ello pintado por artistas de la Europa medieval.

Pero el fantasma que tenía un gran papel en el folclore era el que no era bastante bueno para ir al mundo celestial ni bastante malo para ser condenado a un castigo eterno. Un alma de esa clase, la que estaba en «*chuu*», o sea en los estados intermedios, hacía apariciones fantasmagóricas, a veces como una figura humana pero sin piernas y con una palidez cadavérica. Un fantasma se aparece a los seres vivos, con los que en vida ha tenido alguna relación, bien de amor, bien de odio, porque se siente atraído por tales seres por afecto o por el deseo de venganza. Estas apariciones son frecuentes en el folclore, pero son tan semejantes entre sí que no hay por qué describirlas como casos separados.

---

[26] Hablaremos de estos reinos en relación con los fantasmas y los espíritus.

Existe una historia bonita pero melancólica sobre la existencia *chuu* que trata de las almas de los niños muertos. Su morada es la desolada cuenca de un río formada por grava y arena, llamada Sai-no-kawara, «cuenca del Río de las ofrendas». Extraído del himno dedicado a Jizo, protector de la infancia[27].

En la Tierra gris pálido de Meido («el Reino de la Penumbra»),

al pie del monte Shidé («Donde vagas después de la muerte»),

desde el reseco lecho del Río de las Almas se eleva el murmullo de voces, el parloteo de voces infantiles,

los acentos lastimeros de la niñez.

Allí las almas de los niños muertos, privados del afecto amoroso de sus padres, vagan sin esperanza, añorando a sus parientes, aunque no se olvidan de jugar. Tallan piedras y grava con la forma de una pagoda budista y mientras juegan cantan con sus vocecitas infantiles:

Construyamos la primera Torre, y recemos

para que los dioses envíen bendiciones al Padre;

formemos la segunda Torre implorando

a los dioses que envíen bendiciones a la Madre;

elevemos la tercera Torre, rogando

---

[27] Estas citas pertenecen a la versión versificada del *Jizo Wasan*, hecha por Clara A. Walsh, en su *Master Singers of Japán*, pag. 66-68, adaptada a la versión en prosa de Lafcadio Hearn. Con respecto a la deidad Jizo (en sánscrito *Ksiti-garbha*), véase *Buddisht Art* del autor, capítulo III. La tonada plañidera del himno es muy impresionante y el autor nunca ha podido olvidad la profunda impresión que le causó en su niñez, cuando los vecinos que acababan de perder un hijo entonaron ese himno.

por el Hermano y por la Hermana, y por los muertos queridos.

Luego acuden unos crueles demonios que destruyen las torretas *y* ahuyentan a las inocentes almas infantiles. Pero el compasivo dios Jizo viene a su rescate, resonando los aretes en los cayados de sus peregrinos. Entra en el arenoso lecho del río y allí donde pisa crecen flores de loto. Aleja a los demonios y consuela a los aterrados niños:

¡No temáis, mis queridos pequeños,

sois muy tiernos para estar aquí...

con una travesía tan larga desde Meido!

¡ Yo seré Padre y Madre,

Padre y Madre y Compañero de juegos

de todos los niños de Meido!

Los acaricia con ternura,

arropándolos con sus brillantes vestiduras,

levantando a los más pequeños y frágiles

hasta su pecho, y sosteniendo

su cayado para que se apoyen en él los que tropiecen.

A sus largas mangas se agarran los infantes,

sonriendo en respuesta a la sonrisa del dios,

sonrisa que denota su beatífica compasión.

VI. EL PARAÍSO BUDISTA Y LOS CUSTODIOS DEL MUNDO

Hay mucho más que decir sobre la teoría budista o mitología de la transmigración, especialmente con referencia a los nacimientos inferiores, en relación con el folclore japonés. Así nos referimos al paraíso budista, distinguiéndolo de los mundos celestiales, porque éstos son el resultado de la transmigración y están sujetos a la descomposición, mientras que el paraíso jamás cambia ni decae.

La mitología budista enseñó que existen numerosos «reinos de Buda»,[28] o paraísos, proporcionados por varios Budas para recibir a sus respectivos creyentes. Estos territorios budistas son las realizaciones de los votos compasivos de dichos Budas para ahorrarles a los seres humanos la transmigración, y de las manifestaciones de los inconmensurables méritos acumulados por ellos para este propósito. El paraíso budista, por consiguiente, es una encarnación de la sabiduría y la compasión del Buda, así como de la fe y la ilustración de los creyentes, y se llama «Tierra de Pureza» (Jodo), o «Reino de Bendición» (Gokuraku), presidido por uno u otro Buda.

Para no demorarnos demasiado en los puntos de vista relativos a esos paraísos, la creencia en estos reinos de bendición ejerció una gran influencia en la imaginación popular, y la descripción de esas condiciones dichosas son frecuentes en mitos y cuentos. Estas descripciones son, no obstante, muy semejantes y apenas dicen más sino que esos paraísos son los reinos del esplendor perpetuo y del infinito bienestar. Sin embargo, cabe distinguir tres paraísos principales, calificados de distintas maneras y situados en localidades diferentes. Así, existe el Tosotsu-ten (Tusita), o «Cielo del Bienestar», del Buda futuro Maitreya (en japonés Miroku), situado muy alto en el ciclo; Cokuraku Jodo (Sukhavati), realizado por el Buda Ainita, el Buda de la Luz y la Vida infinitas, situado al

---

[28] En sánscrito *Buddha-Kshetra*. El budismo enseña la existencia de innumerables Budas que en el pasado han aparecido en el mundo, y que aparecerán en el futuro. Los paraísos son las morada» de los Budas pasados.

oeste; y finalmente, Ryojusen (Grdhra-kuta), idealizado desde el Pico del Buitre, donde se cree que el Buda Sakyamuni predicó el «Loto de la Verdad».

El primero, el «Cielo del Bienestar«, es un paraíso aún en formación porque el Señor Maitreya será un Buda completo en el futuro, y su paraíso está dispuesto para los que han de ser conducidos a la perfección final ante él; por tanto, es una especie de antesala de un verdadero paraíso. La creencia en ese paraíso es común entre la gente, y se cuentan muchas historias sobre visitas ocasionales hechas al mismo por seres humanos.

El idealizado Pico del Buitre está situado en el tercer mundo y lo alcanza el verdadero budista en esta vida gracias a su conocimiento de las verdades enseñadas en el *Loto.* Se le puede considerar como el mundo actual transformado, y esta idealización del mundo presente lleva a los auténticos budistas a tener una visión poética y simbólica de su entorno, incluyendo flores y animales, e impresionándolos con la posibilidad de una estrecha comunión espiritual con el mundo exterior. Cuando hablamos de los cuentos de animales o plantas, nos referimos a la idea de que el alma de un animal o una planta puede salvarse por el milagroso poder de la escritura del *Loto*; esta idea es el resultado de la creencia de que el paraíso del Pico del Buitre se halla al alcance de todo el que posee el conocimiento de las verdades reveladas en tal escritura.

Pero la concepción paradisíaca que ejerció la máxima influencia sobre las creencias populares fue la del Cokuraku Jodo, y cuando se habla de un paraíso sin calificación explícita, la gente se refiere al paraíso de Amita-Buda. Allí hay una balsa llena de ambrosía en donde surgen las flores del loto, donde hay terrazas con árboles adornados con joyas, y las aves de este paraíso entonan cantos celestiales, en tanto las campanas que cuelgan de los árboles resuenan con una música suave agitadas por la brisa, y los ángeles (Tennin) vuelan por el ámbito celeste y esparcen flores sobre el Buda y sus santos. Estos detalles descriptivos eran familiares a todos los japoneses, y aparecen una y otra vez en la poesía y en los cuentos, incluso siendo utilizados a menudo en las conversaciones normales.

Según la cosmología budista, los innumerables paraísos están habitados por seres de una perfección ideal, y el universo, que contiene incontables mundos, está poblado de espíritus, unos benévolos, otros maliciosos.

Posponiendo la consideración de los espíritus maliciosos a un capítulo posterior, diremos aquí unas palabras respecto a los grandes custodios del mundo, los reyes de las hordas de espíritus benévolos. Son cuatro y se les representa como guerreros bien armados, con espadas o lanzas en sus manos, y pisoteando a los demonios. El custodio del Este es Jikoku-ten (Dhrta-rastra), «el Vigilante de las Tierras»; el Sur está custodiado por Zocho-ten (Virudhaka), «el Patrono del Crecimiento»; al Oeste se halla Kornoku-ten (Virupaksa), «el Gran Mirón»; y al Norte está Bishamon-ten (Vaisravana), «el Gran Creyente», o «Renombrado». Siempre vigilan a los demonios que atacan al mundo desde las cuatro esquinas del Cielo, y se ocupan especialmente de los budistas, cuidándoles con celo y ternura. En casi todos los templos budistas había pinturas de estos custodios y asimismo eran las figuras favoritas en la religión del pueblo. De los cuatro, Bishamon fue el más popular y en los últimos tiempos incluso fue vulgarizado como patrón de la riqueza.

Es interesante saber algo acerca de los custodios chinos como contrapartida de los budistas. La cosmología china enseña dos principios cósmicos: Yin y Yang, y cinco elementos en la formación del mundo; los custodios del mundo representaban principios y elementos predominantes en cada una de las cuatro esquinas. El custodio del Sur, donde gobierna el principio positivo Yang, donde predomina el elemento apasionado, vehemente, está simbolizado por el «Pájaro Rojo». Al Norte gobierna el «Guerrero Negro», una tortuga, símbolo Yin, el principio negativo, y del elemento agua. El «Dragón Azul», al Este, simboliza el crecimiento cálido de la primavera y el elemento madera. El «Tigre blanco», al Oeste, representa el otoño y el elemento metálico.[29] Estos custodios del mundo chinos existían junto a los reyes-custodios budistas, sin confundirse con ellos en la mentalidad popular.[30]

[29] Además de los cuatro elementos distribuidos por las cuatro esquinas, la tierra, el quinto elemento, está supuestamente en el centro para regir el Reino Central. Esta última creencia no se conocía en Japón.
[30] Las dos series de guardianes, en sus representaciones gráficas o glípticas, corresponden a los símbolos cristianos de los cuatro evangelistas y a las figuras de los arcángeles. Los respectivos nombres japoneses de los cuatro genios son: Shu-

jaku, Gem-bu, Sei-ryo y Byak-ko.

Capítulo II

LEYENDAS LOCALES
Y CULTOS COMUNALES

TOPOGRAFÍA Y DIVISIÓN EN CLANES

Las mayores islas de Japón están atravesadas por cadenas de colinas, y ríos que discurren entre las mismas y que cruzan las islas perpendicularmente a su longitud. Cada valle posee unos rasgos característicos, rodeados por fantásticos picos u ocupados por lagos que llenan el fondo. Las costas marinas se hallan usualmente marcadas por altos acantilados, recortados entrantes y grandes promontorios, con islotes y bahías diseminados por las distintas bahías. Esta tierra tan diversificada estaba, en tiempos remotos, dividida entre tribus de muy variado carácter y composición; incluso hoy día las comunas conservan muchas tradiciones y observancias antiguas, que asocian a memorias ancestrales y mantienen como un asunto de orgullo local. Los rasgos topográficos y las herencias comunales explican suficientemente la invención y preservación de docenas de leyendas locales peculiares a las diferentes provincias y comunidades.

La compilación de las tradiciones orales, en el siglo VIII, tendía primordialmente a sancionar una unidad política basada en la adoración de una deidad principal, la diosa-Sol. No obstante, muchas leyendas comunales y cuentos del folclore estaban engarzadas en la narrativa central que trata del origen de la nación. Algunas historias eran comunes a diversas tribus, otras sólo eran conocidas por una comunidad; pero todas hallaron sitio en la mitología nacional. Además, por una orden especial de 713, cerca, pues, de la época de la gran compilación, las leyendas locales de cada provincia se coleccionaron y se compilaron, en el transcurso del tiempo, varios de tales recuerdos, llamados *Fudo-ki* o «Recuerdos del Aire y la Tierra», de los cuales algunos se conservaron completos, mientras de otros solamente quedaron fragmentos. En los últimos siglos, especialmente en la época feudal, se emprendieron tareas similares, y aparte de los registros oficiales de los estados feudales, hay bastante literatura relativa a la geografía y las tradiciones locales de las distintas provincias. Estos libros suelen ser llamados *Meisho-Zuye*, nombre que puede traducirse por «Guía Ilustrada de Sitios Famosos», y aportan un rico material para el estudio de las leyendas locales, una especie de *Hei-mats-kunde* como los llaman los alemanes, de las diferentes provincias y ciudades.

En esas historias se atribuyen los orígenes de los objetos y fenómenos naturales a las primitivas deidades; la personificación de tales objetos se entreteje con las tradiciones históricas de las tribus y sus antepasados, y a la actividad creadora de los seres míticos se atribuye la formación de la Tierra, el origen de fuentes y ríos, de plantas y animales. Estos relatos, en parte resultado de memorias ancestrales, en parte resultado de la ingenua imaginación del folclore primitivo, quedaron registrados en el *Meisho-Zuye*, siendo cantados por los bardos y pasando de generación en generación en tales canciones, e incluso a menudo formaron parte del ritual religioso y de la observancia de las fiestas.

Si consideramos juiciosamente el asunto, el folclore resulta algo vivo. Las leyendas cambian, crecen y emigran a medida que las comunidades se expanden y mudan de condición social, a medida que se amplían los intereses y la facultad imaginativa se va refinando. Cuando una nueva región se tornaba habitable o se abría un valle escondido a la comunicación, las montañas desconocidas, las rocas, los bosques y los ríos daban pie a nuevas leyendas. Durante los siglos del régimen feudal, cuando los clanes semiindependientes se mantenían encerrados en sus respectivos distritos, el espíritu del clan se mostraba en leyendas que glorificaban el pasado de la tribu y alababan a los genios de la región habitada. La lucha entre dos clanes vecinos a menudo se convertía en esas leyendas en un combate entre los genios de los territorios respectivos, o en ciertos accidentes geográficos naturales o extraños de dichas regiones, como un monte o un lago. En ellas hallamos fragmentos populares del folclore mezclados con las invenciones mitopoéticas de los literatos, y las ideas shinto se confunden con la imaginería sugerida por el budismo o el taoísmo. Probablemente es verdad que la invención legendaria fue más activa cuando el país estuvo dividido políticamente y reinaba el espíritu de clan, que en los tiempos de la unidad nacional. Hoy día, la absoluta unidad de la nación, junto con el aumento de facilidades de comunicación tiende a destruir los rasgos peculiares de la vida provinciana; además, la propagación de la educación científica hace que cada vez más personas consideren necias tales leyendas e historias. Tal vez llegará un día en que las antiguas leyendas sólo se conservarán en las colecciones escritas; pero ésta es una cuestión no sólo del Japón sino del resto del mundo: tal vez la facultad mitopoética de la humanidad está destinada a desaparecer totalmente ante el realismo de la educación moderna.

De todos modos, en el antiguo Japón el folclore local era una parte inseparable del culto comunal de las tribus. La creencia en el origen común del folclore del clan quedaba testimoniado por el culto a sus deidades ancestrales o tutelares, cimentado por las observancias religiosas y perpetuado por la corriente constante de la leyenda. Los accidentes geográficos naturales de aspecto raro, como una colina, un bosque, un promontorio o un lago, eran y todavía están dedicados a la deidad del clan, que creían era el antepasado de la tribu o el genio tutelar de la región. Una sencilla capilla de madera se levanta a la sombra de los viejos árboles, usualmente en un lugar del cual se obtiene la mejor vista del paraje sagrado, y el mismo se convierte en el centro de la vida comunitaria. Allí se reúne la gente los días de fiesta, para las acciones de gracias por las cosechas, para rogativas de lluvia o para ser librados de una plaga, o en otras ocasiones de interés común. Se conserva un recuerdo de la deidad en un objeto natural que se considera tuvo su origen en el benévolo interés de la deidad en el pueblo de su elección. Tal objeto puede ser un árbol gigante, según se dice plantado por la deidad, o en el que se cree mora su espíritu. Puede ser una roca en la que el dios o la diosa se sentó una vez, o que fue su arma arrojadiza, que se dejó olvidada y se petrificó. Puede ser un manantial que la deidad hizo manar...

Además de la capilla principal suele haber otras capillas subsidiarios en la vecindad. Cada una está dedicada a una deidad o espíritu especial y posee su propia historia asociada con la manifestación divina o milagrosa de la diosa o dios adorado. Esas capillas menores están esparcidas por diversos lugares, en una gruta o junto al mar, a orillas de un río, cerca de una cascada o bajo un saliente montañoso. Sin embargo, no es necesario erigir una capilla para señalar el carácter sagrado de un paraje. Para este fin puede suspenderse una cuerda de la que cuelgan pedazos de papel, siendo esto un signo de santidad. A menudo se distingue de esta manera el árbol cerca del cual se apareció un espíritu o tuvo lugar un milagro, y también un manantial, una roca enorme o una antigua tumba pueden marcarse de igual manera aunque no tengan una definida asociación divina.

En resumen: cualquier lugar se considera sagrado si tiene alguna tradición de dioses, espíritus, hadas y antepasados relacionados con ese inframundo, y dichos lugares son señalados y consagrados según las costumbres de la antigua religión shinto. Todo el país está lleno de esta clase de santuarios; cada localidad posee al menos uno, y todos tienen sus leyendas o historias. A menudo, son muy semejantes tales historias, aunque cada una se conserva celosamente no sólo en una tradición oral sino mediante las observancias y festividades religiosas entre la comunidad a la que pertenece. En realidad, cabe decir que el pueblo japonés todavía vive en una época mitológica; en efecto, la religión shinto enseña que ese país es la tierra de los dioses, que incluso hoy día viven entre los humanos y vuelan por los cielos, o entre los bosques, o bien en los altos picos y los elevados montes.

La más vieja de las leyendas locales se refiere a un curioso accidente topográfico de la provincia de Izumo, a la que, como recordará el lector, fue desterrado el dios-Tormenta por los poderes celestiales.

Se creía que esa región había sido el escenario de casi todo lo ocurrido en la época de los grandes dioses, y desde tiempo inmemorial la gran capilla de Kitsuki ha estado en la costa del Mar del Japón. Izumo es la provincia que fue por azar el primer hogar japonés del genio poético de Lafcadio Hearn, y allí obtuvo el primer aprecio del pueblo japonés por su arte y su poesía. En Izumo parece existir todavía cierto hálito de la edad de las fábulas, como resultado indudable de la venerable antigüedad y la belleza seductora de la región.

La provincia ocupa una estrecha franja de tierra entre el Mar del Japón y la cordillera de montañas que forma la columna vertebral de la tierra firme. En su lado norte hay una larga península unida a dicha tierra firme al oeste por una costa arenosa y separada al este por estrechos de iguales costas de arena. Así es cómo la tradición explica esta península:

Oini-tsu-nu («Amo de las Playas») era nieto de Susa-no-wo, el dios-Tormenta, a quien sucedió como gobernante de Izumo. Vio que su país no era más que una estrecha franja de tierra y quiso ampliarla. Para ello miró al norte, hacia Corea, y vio que en la costa oriental había mucho terreno vacío. Entonces, ató una larga cuerda a ese trecho de tierra y el otro extremo lo ató al monte Sahime. Por fin, hizo que la gente tirase de la cuerda y atrajese la tierra hacia Izumo. Cuando finalmente el territorio quedó unido a Izumo, dejaron la cuerda en la playa, y por eso se llama So-no-hagihama, «la larga playa de cáñamo». De forma semejante atrajo parcelas de tierra de las islas del Mar del Japón, y las unió a la costa de Izumo. Ató la última de las cuerdas al monte Taisen, y sus restos formaron la costa de Yomi (véase el mapa). De esta manera el Amo de las Playas consiguió agrandar sus tierras añadiéndoles la península que ahora forma la parte norte de la provincia.[31]

Respecto a Izumo, se dice que los nombres de la provincia y de algunos lugares tuvieron su origen en relación con las aventuras de Susa-no-wo, después de ser expulsado de la Pradera de los Altos Cielos y descender a esta provincia. Cuando caminaba junto al río Hi, el dios de las Tormentas halló a una pareja que lloraba de dolor. Su única hija, la Maravillosa Princesa Inada, iba a ser sacrificada a un dragón que todos los años exigía una doncella. Susa-no-wo acompañó a la joven al lugar del sacrificio en la zona superior del río. Apareció el dragón y bebió todo el sake preparado para él y luego atacó a la joven, pero el valiente dios de las Tormentas lo despedazó. Acto seguido, la princesa se casó con Susa-no-wo.

Mientras se acercaba el día de la boda, Susa-no-wo recorrió la provincia en busca de un sitio propicio para la ceremonia. Al llegar a cierto paraje, experimentó un intenso placer y exclamó:

—Mi corazón se ha refrescado *(suga-suga-shi)*.

Desde entonces, el sitio señalado se llama Suga y aún en la actualidad hay allí una capilla dedicada al dios y a su esposa. Además, en el casamiento, el dios entonó un poema de celebración que dice así:

Yakumo tatsu	*Se alzan muchas nubes,*
Izu-mo yahe-gaki	*Una gran alambrada lo*

---

[31] Esta historia se relata en el *Fudo-ki* de Izumo, uno de los más antiguos *Fudo-ki* conservados.

	rodea todo,
Tsuma-gome-ni	*Para recibir dentro a los*
	esposos,
Yake-gake-tsukuru	*Forman una gran*
	alambrada
Son o yahe-gaki wo!	*¡Ah, esa gran alambrada!*

De ahí nació el nombre de Izumo que significa «nubes que se alzan», y también surgió el nombre japonés de Lafcadio Hearn, «Yakumo», que significa «las nubes de ocho caras».

Así, Susa-no-wo se convirtió en el señor de Izumo, y erigieron la gran capilla de Kitsuki en su honor. Con esta capilla, preeminente en su santidad, están relacionadas muchas historias y observancias que se refieren a Susa-no-wo y a sus descendientes. Según una de tales historias este santuario es el lugar donde todas las deidades de Japón se reúnen en el décimo mes lunar a fin de arreglar todos los casamientos que habrá en Japón en el próximo año. Con toda evidencia, esta leyenda nació gracias al casamiento de Susa-no-wo con la princesa Inada en aquel lugar, y refleja la costumbre japonesa de arreglar las bodas por mediación de un intermediario.

Se dice que la asamblea de los dioses tiene lugar a las cuatro de la madrugada del primer día del décimo mes lunar, y a esa hora la gente se encierra en sus casas para no molestar a los dioses. Cuando están todos reunidos, el Rey Dragón lleva su ofrenda a la asamblea. El Rey Dragón, acompañado por un innumerable cortejo de seres marítimos, aparece sobre el mar, que queda iluminado, con la marea alta, y el cielo resplandeciente. Esta escena se representa en un misterio teatral del siglo XV. El sacerdote que cuida de la Gran Capilla baja a la playa para recibir la ofrenda del Dragón, siendo ésta una ceremonia anual. Un hecho particular relacionado con este mito de la asamblea de dioses en Kitzuki es que en otras regiones de Japón al décimo mes se le llama el «mes sin dioses» *(Kami-nashi-uki)*, pero en Izumo lo llaman «mes con dioses» *(Kami-ari-zuki)*.

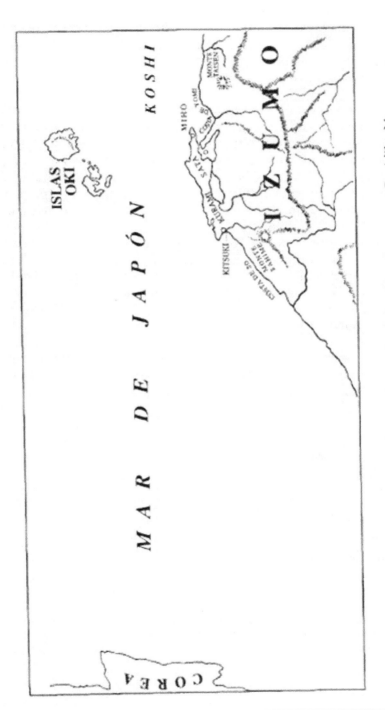

Ilustración de la leyenda sobre la adición de territorios a Izumo por Omi-Tsu-Nu.

Susa-no-wo, el dios de las Tormentas, es el sujeto de la leyenda de la hospitalidad, y sus vagabundeos le llevaron a los distintos lugares donde hay capillas en honor de ese dios. Aunque no es seguro el origen de la leyenda, los nombres de las personas que intervienen en la misma son de origen coreano. Ésta es la leyenda:

Una vez fue arrojado de la Pradera de los Altos Cielos, Susa-no-wo viajó como un desdichado desterrado. Una noche en que llovía a torrentes, llamó a la puerta de un hombre llamado Kotan-Shorai[32]. Al ver a un individuo que llevaba una capa harapienta y un gorro empapado por la lluvia, hecho de una especie de junco, Kotan creyó prudente ahuyentar a tan dudoso visitante. Susa-no-wo, viéndose en un gran apuro, llamó a la puerta de Somin-Shorai, hermano de Kotan. Somin recibió al viajero con suma amabilidad. A la mañana siguiente, el dios de las Tormentas se despidió de su anfitrión con inmensa gratitud y le dijo: «Soy Susa-no-wo, el dios que controla a los espíritus del furor y la pestilencia. Y para pagarte la deuda que he contraído contigo os protegeré a ti y a tus descendientes del ataque de los espíritus malignos si pones en tu puerta un signo por el que puedas ser reconocido».

De aquí viene la costumbre de colgar en la puerta un amuleto contra la pestilencia o la viruela, en el que hay escrito: «Descendientes de Somin-Shorai».

Esta misma historia se cuenta de otra manera, aplicándose geográficamente:

Hace mucho, mucho tiempo, cuando Mi-oya-no-kami, el dios de los Antepasados, viajó por el país, una noche pidió alojamiento en el Monte Fukuji de Suruga. El dios de Fukuji era un avaro y, siendo incapaz de auxiliar a ningún viajero, lo despidió con malos modales. El

---

[32] La denominación *Shorai* significa usualmente "futuro", aunque supongo que es una corrupción de un título coreano. Los nombres Soinin y Kotan no son japoneses. Es un hecho conocido que las historias de Susa-no-wo están en algunos puntos relacionados con Corea.

dios de los Antepasados, furioso por tanta descortesía, exclamó:

—Eres un avaro y sufrirás por tu descortesía, y desde ahora estarás eternamente cubierto de nieve y heladas. Escaseará la comida para ti y las pocas personas que te visiten.

Luego, el dios itinerante se dirigió al monte Taukuba, en Hitachi, y allí fue recibido calurosamente por el dios de Tsukuba. El dios de los Antepasados le dio las gracias y añadió:

—Tú eres un hombre de buen corazón. Por consiguiente, siempre tendrás comida abundante y te visitará mucha gente.

Por esto hoy día muy poca gente sube al monte Fukuji, y está siempre cubierto de nieve y heladas, mientras que el monte Tsukuba es muy popular y atrae a muchos peregrinos.[33]

Se encuentran asimismo leyendas sencillas, muy semejantes entre sí, acerca de los manantiales y las fuentes. Cierto hombre, dotado de un poder milagroso, cavó en el suelo y al momento manó una fuente, El hombre a quien se atribuye tal poder era Kobe Daysi, el fundador del budismo Singlón en el siglo IX. En el nordeste de Japón el milagro suele atribuirse a Yoshi-iye, el famoso general que condujo las expediciones contra los Ainus en esas provincias, en el siglo XI, y la leyenda tuvo su origen al parecer en la creencia de que el general estaba protegido por el dios Hachiman, o sea «Ocho Estandartes», cuya capilla se halla situada en Iwa-shimizu, o "la fuente de la roca virgen".

Las historias de Kobo están siempre asociadas a sus viajes misioneros. En cierta ocasión, cuando estaba viajando, afirma la historia, fue recibido por una mujeruca que vivía en un lugar desprovisto de agua. Kobo, para recompensarla por su hospitalidad, creó la fuente golpeando la tierra con su cayado de peregrino.

Se dice que las hazañas de Yoshi-iye sucedieron durante sus expediciones militares. Un día de verano sus soldados padecían de ca-

---

[33] Esta historia se narra en el *Fudo-ki* de Hitachi, donde se ven claramente estas dos montañas.

lor y sed. El general oró a su dios tutelar Hachiman, y cuando atravesó una roca con una flecha apareció una fuente que ya nunca dejó de manar.

Representación de Hachiman, el Dios de la Guerra, en la pose budista

Se cree que los manantiales termales tienen su origen en una aparición divina de Suku-na-biko,[34] el brujo entre los antiguos dioses.

Entre las leyendas relativas a Kobo Daishi hay muchas que poseen peculiaridades. En la isla de Shikou no hay zorros. Esto se debe a que Kobo ahuyentó a ese animal como castigo por intentar engañar al gran maestro budista durante sus viajes por Shikoku. En los sitios donde no hay mosquitos, esto se explica por un favor especial de Kobo hecho a los habitantes del lugar por haberle otorgado buena hospitalidad.

Hay un poblado en Kozuke donde no crecen bien los tubérculos. Cuando Kobo llegó a dicho poblado y pidió patatas, el dueño de la granja le respondió que las patatas eran duras como piedras, ya que no quería dárselas al monje mendigo.

—¿De veras? —preguntó Kobo—. Entonces, siempre serán así.

---

[34]   Véase anteriormente, cap., I, III.

Desde entonces, los tubérculos de aquel poblado crecen siempre duros como piedras.

Existe en cierto lugar un río entre montañas del que se eleva un denso vapor. Una vez, cuando Kobo cruzó dicho río, se le acercó un muchacho y le pidió que escribiese unas cartas en su nombre. Al no tener papel. Kobo las escribió en el aire. Entonces, el muchacho le pidió que escribiese otras en el agua del río. Kobo escribió el ideograma chino que representa al dragón e intencionadamente omitió un punto. El jovenzuelo, milagrosamente, añadió ese punto. Más milagrosamente todavía, el ideograma se convirtió en un dragón vivo que salió volando del agua. De aquí que haya un rastro del dragón volando sobre el agua.

Los árboles de maderas preciosas suelen ser tema de leyendas locales, y especialmente los árboles gemelos se relacionan con el recuerdo de los amantes. Entre dichos árboles, el pino se lleva la mejor parte, seguido del *sugi,* el alcanfor y el gingko.

Esta es la leyenda de los pinos gemelos en el antiguo Fudoki de Hitachi: Erase una vez en Hitachi un joven sensible llamado Nasé, y una bella muchacha llamada Azé.[35] Los dos eran famosos por su hermosura, que hacía que los demás habitantes del lugar les admirasen y envidiasen a la vez. Los dos jóvenes se enamoraron uno del otro y, una noche, con ocasión de la asamblea anual de los habitantes del poblado para el intercambio de poemas, Nasé y Azé intercambiaron versos que expresaban su amor.[36] Luego, dejaron a los demás y se adentraron por un bosque próximo a la costa. Allí hablaron de su amor toda la noche. Nadie más estaba cerca, pero los

---

[35] El nombre Nasé podría significar "Querido" o "No seas celoso". Otro nombre que se da a veces al hombre es Naka-samuta ("el Campo Central del Frío"). Azé puede significar "Rostro" o "Querido mío", y otro nombre es Unakami-aze (¿"El Rastro en el Mar"?)

[36] En el Japón antiguo, era igual en todas partes la costumbre de organizar esta reunión entre jóvenes de ambos sexos. Los poemas intercambiados entre Nasé y Azé son oscuros, aunque quieren decir: "Yo, oh, Azé, te adornaría como un pino joven con piezas de cáñamo colgadas de sus ramas". La respuesta: "La marea alta puede ocultarte, oh Nasé, pero desearía seguirte aunque fuese pasando sobre ochenta islotes y rocosidades". Por "piezas de cáñamo colgadas" se refiere a un hechizo usado entre los jóvenes para unirse.

pinos interpretaron dulces melodías con sus agujas murmuradoras, y la pareja pasó la noche como en un dulce sueño.

Cuando el día empezó a alborear sobre el océano y el crepúsculo matutino penetró en el pinar, los amantes se dieron cuenta por primera vez de que estaban muy lejos de sus hogares respectivos. Temieron volver al pueblo a causa de las insinuaciones de los demás jóvenes y la censura de los mayores a los que tendrían que enfrentarse. Así, desearon quedarse para siempre apartados del mundo. Se abrazaron y lloraron, y fueron metamorfoseados en dos pinos, entrelazados y rodeados por los otros árboles.

En esta leyenda los pinos gemelos representan el símbolo del amor apasionado, pero en otra leyenda los dos pinos se atribuyen a una pareja ya madura y representan la fidelidad conyugal, como los famosos árboles de Takasago, de los que hablaremos más adelante.

En la costa, donde el viento sopla constantemente desde un punto de la brújula, hay a menudo árboles cuyas ramas se extienden en una sola dirección. Casi todos esos árboles tienen una historia propia que explica la razón de que las ramas parezcan tender hacia algún objeto en la dirección a la que apuntan. La siguiente leyenda es muy típica:

En Tango, en una costa arenosa muy amplia, hay un pino cuyas ramas se extienden hacia Miyako, la capital. La hija de un noble de Miyako fue raptada por un bribón, como solía suceder en la Edad Media. Fue llevada a Tango y vendida a un jefe local. La joven se situaba a menudo bajo el árbol mirando hacia su hogar y lloraba pensando en sus padres. El árbol se apiadó de la pobre muchacha y volvió todas sus ramas en dirección a dicho hogar.

Las rocas proporcionan motivos similares a los inventores de mitos. La más famosa es la roca que se alza en Matsura, en la costa occidental de Kyushu, donde los barcos zarpaban para China. Una vez, cuando un noble de la corte fue enviado a China, su esposa Sayohime le acompañó a Matsura y vio cómo el barco en el que acababa de embarcarse su esposo se desvanecía en el horizonte, pero ella continuó allí haciendo ondear su pañolón en ademán de despedida, hasta que su figura se cambió en una roca que hoy día sigue en pie, a la que se conoce como la roca de Sayo-hime. Se dice que una curiosa proyección de la roca es la mano con la que ella hacía ondear el pañuelo.

Las condiciones climáticas también sirven para crear leyendas locales. Esta es una de las historias relativas a las tempestades periódicas que azotan Japón en otoño. Es la historia del «huracán Hira», siendo Hira el nombre de la cadena montañosa que se levanta sobre la costa occidental del lago Biwa, el mayor del Japón.

Tiempo muy atrás vivía allí un joven que era el encargado del faro instalado sobre un promontorio en el lado oriental del lago Biwa. Una bella doncella vivía en un pueblo situado al otro lado del lago. En cierta ocasión, la joven visitó el promontorio y vio al cuidador del faro. Ambos se enamoraron y convinieron en encontrarse por la noche para que nadie pudiese saberlo. A partir de aquel día, la doncella visitaba al joven todas las noches, cruzando el lago en una barquichuela. Tanto si en las noches sosegadas las olas reflejaban la luz de la luna, como si en la oscuridad el lago se mostraba rudo y colérico, la barca nunca dejó de llegar al promontorio porque la luz del faro la guiaba hasta el ser amado.

De esta manera pasó el verano y llegó el otoño. El joven era feliz ante la fidelidad de la muchacha; pero al final la audacia de ella y su indiferencia ante el peligro de ser descubierta o de ahogarse en el agua, tan poco usual en una joven, levantó en el corazón del torrero una punzante sospecha. Así, empezó a preguntarse si la joven sería un ser humano, un dragón hembra o un ogro en forma de mujer. Al fin decidió comprobar si la muchacha podría encontrar el camino sin la luz del faro. Como de costumbre, aquella noche la joven surcó las aguas del lago en su barca, pero cuando la luz del faro se apagó quedó desorientada. Comenzó a remar desordenadamente, sin saber dónde estaba. Por último se desesperó y pensó que su amado le era infiel. En su pena y su terror, le maldijo, se maldijo a sí misma y también al mundo. Al final saltó al agua rogando que una tormenta destruyese el faro. Tan pronto como el cuerpo de la desdichada joven desapareció en el agua, sopló un furioso viento que no tardó en convertirse en un feroz huracán. La tempestad rugió toda la noche. Al amanecer, la torre del faro con su cuidador había desaparecido tragados por las aguas.

Desde entonces, todos los años, en el mismo día, un cierto día del octavo mes lunar ruge una tempestad sobre el lago. Sopla desde la cadena de las montañas Hira, donde vivía la infortunada joven y por eso la llaman Montaña del Huracán Hira.

Capítulo III

HADAS, SERES CELESTIALES,
LOS HOMBRES DE LA MONTAÑA

I. EL ORIGEN DE LOS CUENTOS DE HADAS

Los japoneses siempre han creído en la existencia y la actividad de los espíritus, tanto los de los objetos naturales como los de los difuntos; pero de manera extraña, su mitología, como se desprende de la tradición sintoísta, está poblada por muy pocos seres fantásticos y es muy vaga respecto a la personalidad de los dioses. Muchas deidades apenas son más que nombres, otras son adoradas como antepasados de los diversos clanes, y sus leyendas las considera el pueblo más como hechos auténticos que como fragmentos de una imaginación poética. Esto se debe principalmente a que los primeros relatos sintoístas se compilaron, como dijimos, en forma de narrativa histórica, deseando sus autores producir algo que rivalizase con la historia china en antigüedad y supuesta autenticidad. Lo que hoy día reconocemos como mitos se consideró en sus orígenes como sucesos históricos, lo mismo que la historia oficial de China tuvo buen cuidado de transformar las leyendas raciales de su pueblo en supuestas crónicas de acontecimientos reales. El seudo racionalismo de los relatos sintoístas es ante todo un producto chino, o sea de la influencia de Confucio.

Sin embargo, no hay que suponer que los japoneses no fuesen capaces de imaginar la existencia de las hadas y otros seres semejantes. Hallaremos rastros abundantes de hadas y otros seres fantásticos en las antiguas tradiciones de los japoneses, y existe una considerable cantidad de leyendas de hadas en la literatura y en las tradiciones verbales de este pueblo. La mayor parte de esa clase de ficción parece haber derivado de fuentes chinas e indias, y se muestra más a menudo el genio japonés en la hábil adaptación de tales relatos a las condiciones locales que en las invenciones originales. El flujo de las ideas e historias indias pasó, naturalmente, por el canal de la literatura budista, que a su vez derivaba de la altamente refinada literatura védica y sánscrita. Primordialmente llegó a Japón a través de traducciones chinas.

Las historias chinas derivaban, ante todo, no de fuentes no confucianistas sino de la literatura taoísta. En un estudio estrictamente histórico de los cuentos de hadas japoneses sería preciso distinguir críticamente estos dos elementos de origen continental de la cantidad mucho menor de la tradición nativa. Pero en la presente obra nos limitaremos a considerar algunas de las leyendas e historias que circulan comúnmente entre el pueblo, sin tener en cuenta sus fuentes o los cambios sufridos durante el proceso de adopción.

II. LAS DONCELLAS-HADAS

Un hada totalmente indígena del Japón es Ko-no-hana-sakuya-hime, «la Dama que hace florecer los árboles». Ya nos referimos a ella al hablar de los mitos de los orígenes. Es el hada de las flores del cerezo, y se la representa volando y haciendo florecer los cerezos, probablemente respirando y soplando sobre ellos. Su casamiento con el nieto de la diosa del Sol puede considerarse como un ejemplo del casamiento de una doncella celestial con un ser humano.

Pero un ejemplo más típico de esa clase de uniones se ofrece en la historia de la doncella-Cisne. Esta doncella carece de nombre personal, y se concibe como una doncella celestial provista de plumas o vistiendo un traje hecho con plumas. La versión más idealizada de la historia es *El vestido de Plumas* en una de las obras No. Su resumen es como sigue:

Una vez, en un día muy hermoso, algunas hadas bajaron a la Tierra y se bañaron en un manantial, tras colgar sus ropas de plumas en los árboles próximos a la balsa formada por el agua. Pasó un hombre por aquel lugar y, al observar unas prendas tan bellas, cogió una descolgándola del árbol. Las doncellas, alarmadas por la intrusión del hombre volaron hacia el cielo, pero la doncella a la que le faltaba el vestido no pudo volar con las otras sino que tuvo que quedarse en la Tierra y casarse con el ladrón[37]. Luego dio a luz un niño y, tras recuperar su vestido gracias a una estratagema, regresó volando al Cielo.

Esta historia es una versión del cuento de la doncella-Cisne bien conocido en el folclore de varias naciones, aunque no hay pruebas de que la narración japonesa proceda de otros pueblos. Pero en la

---

[37]   En una de las versiones atribuidas a Hinu-yama en Tango, el hombre es un anciano que adopta al hada. Muchos hombres se disputan sus favores, pero todos fracasan. Esta historia se parece, pues, a la de la Dama Brillante, que se narra más adelante. Cuando sus pretendientes la urgen a casarse, ella huye hacia el Cielo.

versión idealizada del No drama se representa a la doncella como a una de las hadas que espera al príncipe celestial que reside en el palacio Luna, idea claramente tomada de una leyenda budista sobre la Luna. Además, en esta versión la doncella conserva intacta su virginidad, y el motivo principal del cuento es el contraste entre la noble pureza de la doncella celestial y la codicia de la humanidad. La historia es como sigue:[38]

Era un bello día de primavera. Una doncella celestial descendió al pinar de Hiho, una playa arenosa de la costa del Pacífico donde hay una hermosa vista del Monte Fuji apuntando al cielo desde el otro lado de las aguas. La doncella quedose encantada ante la belleza de aquel lugar y olvidó su hogar celeste. Pasó por allí un pescador y percibió un aroma milagroso que perfumaba el aire, al mismo tiempo que veía una maravillosa prenda de plumas colgada de un pino. Mientras el pescador examinaba la prenda y se preguntaba qué era, se le apareció el hada y dijo que era su vestido de plumas, semejante al de todas las doncellas celestiales. Esto despertó la codicia del pescador, que se negó cruelmente a devolver el vestido. La doncella lloró por su perdida y finalmente convenció al pescador a devolverle la prenda bailando ante él una de las danzas celestiales. Esta escena se describe así:

(Lamento del Hada)

HADA

En vano mis miradas recorren la pradera celestial,

donde se levantan los vapores que envuelven el aire,

y ocultan los conocidos senderos de nube a nube.

---

[38] Véase una traducción inglesa en B. H. Chamberlain, *The Classical Poetry of the Japanese*, Londres, 1880. Aquí se reproduce la última parte de esa traducción.

CORO

¡Nubes! ¡Nubes viajeras! Ella suspira y suspira en vano,

volando como vosotras para volver a pisar el cielo;

en vano suspira para oír como antes oía

los mezclados acentos del ave del Paraíso;

esa bendita voz se debilita. En vano el cielo

resuena con el canto de la grulla que regresa;

en vano escucha, donde el océano lava la arena,

a la gentil gaviota o a las olas del mar;

en vano observa por donde el céfiro barre la pradera;

todo, todo puede volar... pero ella no volará nunca más.

(El hada baila)

HADA

Y en este firmamento se levanta un palacio en la Luna,
construido por manos mágicas.

CORO

Y desde ese palacio gobiernan treinta monarcas,

de los que quince, hasta que está llena la Luna,

entran de noche, ataviados de blanco;

pero que, desde la decimosexta noche de luna llena,

cada noche ha de desvanecerse uno en el espacio,

y cincuenta monarcas vestidos de negro ocupan su lugar,

mientras, siempre girando en torno a cada rey feliz,

las hadas que les sirven entonan músicas celestiales.

HADA

Y una de estas soy yo.

CORO

Desde esas brillantes esferas

quietas por un momento, aparece esta dulce doncella.

Aquí en el Japón desciende (dejando detrás el cielo)

para enseñar el arte de la danza a la humanidad.

Y cuando el grupo emplumado

de hadas pase con sus alas plateadas,

se llevarán la roca de granito.

¡Oh, mágicos sones que llenáis nuestros entusiasmados oídos!

El hada canta y desde las esferas nubosas

resuenan al unísono los laúdes,

las cítaras y los címbalos de los ángeles

y sus flautas hermosamente plateadas.

Resuenan a través del cielo que brilla con tonos purpúreos,

como cuando la ladera occidental del Someiro muestra

los tintes del crepúsculo, mientras la ola azul

de isla en isla lava las costas vestidas con pinos;

desde la vertiente de Ukishima una bella tormenta

arranca las flores; y no obstante esa forma mágica,

esas alas nevadas, aleteando a la luz,

seducen nuestras almas con gracia y deleite.

HADA

¡Salud a los reyes que se alejan de la Luna!

El cielo es su hogar, y también lo son los Budas.

CORO

Las prendas mágicas cubren los miembros de las doncellas.

HADA

Son, como los mismos cielos, del más tierno color azul.

CORO

O, como las nieblas primaverales, todas de un blanco de plata,

fragante y bello... ¡demasiado bello para la mirada mortal!

Danza, dulce doncella, en tus horas felices...

Danza, dulce doncella, mientras las flores mágicas

coronando tus trenzas se agitan al viento

movidas por tus alas en movimiento.

Danza, porque jamás la danza mortal podrá

competir con esa dulce danza que traes del cielo;

y cuando, por entre las nubes, debas volver pronto

a tu hogar en la luna llena,

escucha nuestras plegarias, y con tu bella mano

derrama grandes tesoros sobre nuestra tierra dichosa.

Bendice nuestras costas, refresca todos los prados,

para que la tierra pueda producir más cosechas.

¡Mas ah, la hora, la hora de partir suena!

Cogidas por la brisa, las alas mágicas del hada

la llevan al cielo desde la costa de los pinos.

¡Más allá de la marisma inmensa de Ukishima,

más allá de las alturas de Ashitaka y de donde se extienden

las nieves eternas de la cabeza del Fujiyama,

cada vez más alto a los cielos azules,

hasta que las nieblas viajeras la ocultan a nuestros ojos!

La «danza de Azuma», como se llama, tuvo su origen en la danza de esa hada en la playa de Miho, y de esta manera la «Goset» o «Danza de los Cinco Tactos» se atribuye a las hadas de las flores de cerezo. Cuando el emperador Temmu, que reinó en el siglo VIII, tocaba el Koto en el palacio de Yoshino, el paraje de los cerezos floridos, aparecieron en el cielo cinco hadas tañendo sus instrumentos en armonía con el real músico, y bailaron ante él la danza de los cinco tactos. Después, la música y la danza formaron una de las festividades observadas regularmente tras cada coronación imperial. En el teatro No, el coro describe la escena con estas palabras:

¡Oh, qué maravilla!

Se oye música en el cielo,

Milagrosas aromas llenan el aire,

caen pétalos del cielo como gotas de lluvia...

¿No son éstos los signos de un reino pacífico?

¡Escuchad!, más allá de toda imaginación son dulces

los sonidos que resuenan al unísono,

arpas y guitarras, flautas y cuernos,

campanas y tambores de todas clases;

una gran orquesta torna armonioso el aire sereno,

la sedante brisa de la primavera.

Con el acompañamiento de la música celestial

bailan las doncellas celestiales, flotando en el aire,

agitando sus mangas de plumas,

volando y agitándose entre las flores de los cerezos.

Otra historia en la que un hada doncella desciende a la Tierra es la de «La Dama Resplandeciente» (Kaguya-hime). Una de sus versiones es la siguiente:

Érase una vez un anciano que vivía en la provincia de Suruga, donde se levanta el Monte Fuji. Cultivaba bambúes. Una primavera dos luciérnagas hicieron su nido en el bosquecillo de bambúes, y allí encontró el viejo a una niña encantadora que dijo llamarse Kaguya-hime. El anciano cogió a la niña y la crió con todo su amor. Cuando la niña creció se convirtió en la joven más bella del país. Así fue llamada a la corte imperial y se convirtió en la princesa consorte del Emperador. Transcurrieron siete años y un día la princesa le dijo a su esposo:

—Yo no soy como tú, un ser humano, aunque un cierto lazo me une a ti. Ahora termina ya mi tiempo en la Tierra y debo regresar a su morada celestial. Lamento abandonarte, pero es mi deber. En memoria mía guarda este espejo en el que verás mi imagen.

Con estas palabras desapareció de la vista del Emperador. Este echó tanto de menos a su cónyuge que decidió seguirla al Cielo. Entonces, subió a la cumbre del Fuji, el monte más alto del país, llevando el espejo en la mano. Pero al llegar a la cima no vio ningún rastro de la doncella perdida, ni logró ascender más hacia los cielos. Su pasión era tan poderosa que surgió una llama de su pecho[39] y se incendió el espejo. El humo derivó al cielo, y desde aquel día sigue ascendiendo desde la cumbre del Fuji.

Se conoce otra versión de la misma leyenda con el nombre de «El plantador de bambúes». Según esta versión, el anciano halló a la niña dentro de un tallo de bambú, y cuando creció muchos la pretendieron en matrimonio. Ella pedía a sus pretendientes que realizaran alguna proeza muy difícil y prometía casarse con el que mejor efectuase la tarea asignada. Cinco pretendientes accedieron a someterse a la prueba y a cada uno se le pidió que trajese un precioso objeto a la damita. Los pretendientes hicieron lo que pudieron, pero todos fracasaron. Por esto, cada uno inventó una hábil mentira para justificar el fallo. Pero la doncella adivinó la verdad y los rechazó a todos. Esta historia, por tanto, es didáctica y satírica.

Bien, el Emperador reinante, al enterarse de la hermosura de la joven, la llamó a palacio, pero ella se negó a ir aunque le envió cartas y poemas. El Emperador se consoló un poco con esta correspondencia, pero de pronto supo que la doncella era de origen celestial y que iba a regresar al palacio de su padre en la Luna cuando ésta estuviese a mediados de otoño. El Emperador, deseando retener a la doncella en la Tierra, envió un ejército ordenando a los soldados que custodiasen la casa de la joven. Llegó la noche, apareció un banco de nubes en el cielo, y los soldados no pudieron disparar ni luchar porque sus brazos y piernas estaban paralizados. Así, la doncella fue llevada a su morada por su padre, el Rey de la Luna. No obstante, dejó un cofre con medicinas y una carta para el Emperador. Tras la desaparición de la doncella, el Emperador envió sus hombres con el cofre a la cumbre del Monte Fuji. Allí quemaron las medicinas y desde entonces humea aquel volcán.

---

[39] La expresión japonesa para una fuerte pasión es «el pecho inflamado».

No sólo las doncellas celestiales descienden a la Tierra y se casan con seres humanos en el folclore japonés, sino que una doncella de las profundidades del mar a veces se convierte en la esposa de un mortal, aunque cuando se produce uno de tales casamientos, según los relatos, el hombre usualmente desciende a la mansión de su esposa. Universalmente, sin embargo, el hada y su amante mortal están destinados a una temprana separación. Estas historias de las doncellas marinas no son simples cuentos de amor, sino que narran ampliamente el mundo que hay en el océano o más allá del mismo. La separación de las parejas casadas es el resultado de la añoranza del ser, que ha abandonado su elemento natural, por su antiguo hogar. Cuando la doncella baja del Cielo, su regreso se debe a la expiración de su tiempo en la Tierra, mientras que cuando un esposo humano ha descendido al mar, la separación es consecuencia de una ruptura de la promesa que hizo. Además, la estancia del esposo en el reino ideal le parece muy corta, pero cuando vuelve halla que en realidad ha sido muy larga. Su morada terrestre ha desaparecido y todos sus parientes han muerto ya. Este tema, que recuerda al lector la experiencia de Rip van Winkle[40], apunta al contraste entre la existencia evanescente de la humanidad y la duración interminable de la vida ideal.

La idea de un mundo más allá del nuestro fue estimulada por las enseñanzas budista y taoísta, viéndose con claridad estas influencias en el posterior desenvolvimiento de tales historias.

La narración más famosa de este tipo es la del joven pescador Urashima, o más apropiadamente Urashima Taro, «el Hijo de la Isla de Arena». Generalmente, se sitúa su lugar natal en Tango, en el Mar del Japón, pero a veces en Sumi-no-ye, en el Mar Interior. Las versiones más antiguas se encuentran en las crónicas sintoístas y en una antología del siglo VIII. En las crónicas, su estancia en el mundo del más allá duró setecientos años y su regreso se menciona como un hecho histórico. Este relato fue relacionado más tarde con la tradición budista del Palacio del Dragón (Ryu-gu) y a la doncella de la historia se la llama Oto-hime, la hija menor del Rey Dragón.

---

[40] Famoso cuento del escritor estadounidense Washington Irving. (N. del T.)

La historia, en su forma más simple, es como sigue: el joven pescador Urashima se hallaba en alta mar con su barca cuando vio venir hacia él una joven. Esta quiso llevarle a su casa y él la siguió hasta su distante reino de las aguas profundas, donde se alzaba un bellísimo palacio. La joven era la hija del rey, y Urashima se casó con ella. Al cabo de tres años de matrimonio feliz Urashima sintió el deseo urgente de ir a ver a sus padres. Su esposa era demasiado tierna para resistirle y, al partir, le entregó un cofrecillo gracias al cual podría volver al palacio del Dragón, a condición de no abrirlo jamás. Urashima regresó a su país natal y lo encontró totalmente cambiado. Ante su asombro vio que habían transcurrido setecientos años desde su partida y que su misteriosa desaparición era ya una tradición entre sus paisanos. Experimentando una gran confusión mental, y esperando hallar algún consuelo en el cofre entregado por su esposa a fin de poder volver al Reino del Dragón, levantó la tapa, y ante su enorme sorpresa vio unas volutas de humo que salían de su interior y volaban hacia el mar. Tan pronto como quedó vacío el cofre, todo el cuerpo del joven experimentó un intenso escalofrío, su cabello se tornó blanco y en conjunto se transformó en un viejo que contaba cientos de años. Allí mismo murió Urashima, y ahora tiene una capilla en la costa de Tango.[41]

La historia de Urashima estimuló la invención de varios cuentistas que añadieron algunos detalles de creación propia. Una versión, probablemente del siglo XV, dice que Urashima, después de abrir el cofrecillo, se metamorfoseó en una grulla, ave que se supone vive centenares de años, y que él, como grulla, y su esposa, como tortuga, viven eternamente. Este cuento ilustra una particularidad de la edad: el rechazo de la gente a escuchar historias que tuvieran un carácter poco trágico a pesar de, o quizás a causa del hecho de que fue una época de guerras y desintegración social. Por otra parte, un escritor moderno que ha dramatizado la historia pinta a Urashima como el representante típico del joven actual, que busca ideales soñadores sin grandes esfuerzos ni someterse a un entrenamiento metódico.

---

[41] En las costas del Japón hay varios montículos que, según creencia popular, son otras tantas tumbas de Urashima. Una de éstas, cerca de Kanagawa, la utilizó Bakin, que escribió un "Gulliver" japonés sobre un pescador que vivía cerca de dicho montículo. Véase cap. IX.

Urashima Taro subido en una tortuga se dirige a las profundidades

Ilustración de Kenji Hazawa

Una historia similar relativa a la hija del Rey del Mar se atribuye a la abuela del legendario fundador del Imperio.

Hiko-Hohodemi, «la llamarada», perdió en cierta ocasión un anzuelo que le había pedido a su hermano mayor Ho-no-susari, «la llama moribunda». Cuando el hermano mayor le rogó al menor que le devolviese el anzuelo, éste no supo qué hacer ni qué decir, pero una vieja deidad le aconsejó que viajase más allá del mar. Llamarada cruzó el mar en una barca y llegó a un palacio edificado con un material parecido a las escamas de los peces. Era la residencia del Rey del Mar, donde Hiko-Hohodemi conoció a una joven muy hermosa. Se llamaba Toyo-hama-hime, «La Dama con Abundancia de Joyas», hija del rey, y a éste le sedujo la idea de que su hija se casase con una deidad celeste, ya que Hiko-Hohodemi era descendiente de la diosa del Sol. Casada la pareja, vivieron muy felices durante tres años, cuando el esposo le reveló a su mujer que había llegado a su reino en busca del anzuelo perdido. Fue un asunto de poca monta para su suegro, el rey de las profundidades marinas, encontrar el anzuelo, por lo que Hiko-hohodemi regresó a su lugar natal seguido de su esposa.

Bien, una vez en su morada terrestre, la esposa dio a luz un niño. Pero antes del parto la madre, siguiendo la costumbre, fue trasladada a un pabellón construido para tal ocasión. Ella le pidió a su marido que no mirase dentro del pabellón en el momento del parto, porque en aquel trance debía tomar su forma original de mujer-dragón. Pese a su promesa, el esposo atisbo por una ventana y por eso su esposa abandonó a su marido y a su hijito y regresó a su palacio más allá del mar.

Las influencias budista y taoísta tuvieron suma importancia en el desenvolvimiento de la tradición de las hadas en el Japón, y los conceptos primitivos de existencias ideales o fantásticas quedaron, gracias a esas influencias, mucho más definidas y elaboradas. En general, las importaciones budistas fueron de dos categorías, siendo una las Devatas (en japonés Tennyo o Tennin, las doncellas celestiales), que vuelan por los cielos, y la otra es la de las Nagas (en japonés Ryujin o espíritus dragones), que residen en las profundidades marinas. La literatura china o taoísta introdujo el Hsien (en japonés Sennin), literalmente «los Hombres de las Montañas», que son seres celestiales, casi todos de origen humano y que ejecutan proezas mágicas, viviendo existencias inmortales. Son de ambos sexos, viejos y jóvenes, algunos de aspecto raro y otros con facciones nobles y hermosas, pero todos se alimentan con bocados ambrosíacos y llevan una vida de total emancipación, ni molestados ni ocupándose de los asuntos humanos. Aunque los seres de estas distintas categorías fueron ocasionalmente amalgamados en un nuevo reino de invención completamente japonesa, usualmente son algo muy distinto. Estudiaremos las tres categorías, una tras otra, y examinaremos algunas historias que ilustran el papel que desempeñan en la mitología del Japón.

III. LAS HADAS BUDISTAS, LOS TENNIN Y LOS RYUJIN

En la India, los Devatas son diosas en general, aunque la palabra también se aplica a los genios hembra de los árboles y los manantiales y fuentes. El folclore budista está lleno de esos seres, algunos de los cuales están plenamente personificados, mientras otros son meras abstracciones. El Tennyo japonés, copiado de los Devatas, ronda por el cielo, ataviado con velos flotantes y sin alas. Tocan músicas y esparcen flores por el aire, y su presencia se percibe por su música y su perfume celestiales. A menudo, nacen en nubes iridiscentes y descienden a las colinas o promontorios, o iluminan los bosques en los crepúsculos. Custodian los piadosos budistas y ejecutan los deberes de los ángeles custodios; habitan en bosques floridos en calidad de hadas-flores; aparecen allí donde se toca música clásica, y se unen a los conciertos con los instrumentistas humanos. A veces se aparecen como mujeres, y se cuentan historias de sus amores con los hombres. Están representados en esculturas y se hallan en los paneles decorados de los templos budistas; se ven en pinturas, son cantados en poemas, celebrados en cuentos de hadas, y algunos son adorados en capillas situadas en parajes bellísimos. Ocasionalmente, se identifican con diosas sintoístas, y desde el siglo XIII estas confusiones son comunes en el folclore, en las artes y en la religión.

El Naga indio es una criatura que vive en el mar, cuyo cuerpo es como el de una serpiente. En los libros budistas se dice que algunas tribus Naga viven entre montañas, pero siempre se las nombra como guardianes de las aguas. Que la leyenda japonesa del dios del Mar sea o no producto de la influencia india, la concepción de Ryujin, el dios-Dragón, fue amalgamada muy pronto con la del dios del Mar, y éste, el padre de la «Dama con Abundancia de Joyas», a menudo era identificado con Sagara, uno de los reyes Naga hindúes. Los Ryujins habitan en el mar, en un magnífico palacio de coral y cristal, desde donde gobierna Ryu-wo, el Rey Dragón. Éste posee un cuerpo humano, lleva una serpiente en su corona y sus servidores son serpientes, peces y demás monstruos marinos. El Rey Dragón es un ser noble y sabio, custodio de la religión del Buda y los budistas. Pero su benevolencia se ve frecuentemente aniquilada por la conducta necia o maliciosa de sus ignorantes vasallos, y por esto el mundo de los dragones se halla a veces enzarzado en una guerra contra los reyes celestiales. Asimismo, se creía que las tribus de dragones tenían a su cargo la lluvia y la tempestad. Se narraban repetidamente historias de sacerdotes budistas muy sabios que podían controlar a esos monstruos marinos y lograr que lloviese en épocas de sequía, y también se hablaba de peregrinos y misioneros budistas que navegaban entre Japón y China, ordenando a los dragones que aquietasen el embravecido mar, y de un budista fanático que esperando la aparición del Buda futuro, se metamorfoseó en un dragón y vivió indefinidamente bajo el agua.

La figura más conspicua de esta clase en el folclore es la hija del Rey Dragón. Su nombre japonés es Benten, la Sarasvati india. Es la guardiana de la música y los discursos públicos, y también la dadora de riquezas. Se la representa como una diosa india, ataviada con vestidos de mangas largas y una gran joya en la corona. A veces se aparece en persona a un músico famoso, otras lo hace en respuesta a la plegaria de un piadoso budista que solicita riquezas, o bien bajo la forma de una hermosa mujer que atrae el amor de los seres humanos, Comparte la naturaleza de una doncella celestial con la de una Princesa Dragón y se la identifica a menudo con cierta diosa del mar en la antigua mitología. Es venerada en muchos sitios de la costa. Su aparición de entre las olas se ha representado en muchos cuadros como uno de los mitos clásicos de Venus, y su constante asociación con un instrumento musical, la *biwa* (en sánscrito *vina,* una especie de banjo) la equipara con las Musas. Su adoración fue muy popular desde el siglo XII, y en tiempos posteriores llegó a ser considerada como una de las siete deidades de la buena suerte, de las que hablaremos más.

Fotografía de 1898 en la que se representa a la diosa del Mar Benten a lomos de un dragón marino

Muchas leyendas locales se refieren a ella y sus capillas. La más famosa de las dedicadas a ella es la de Itsku-shima o Miya-jima, la «isla del Templo», bien conocida por los turistas de la isla donde no estaba permitido que tuviese lugar ningún nacimiento ni ninguna muerte, una especie de Elíseo "japonés. Dicha isla está situada en el Mar Interior, y en su playa hubo una capilla dedicada a la diosa del Mar desde tiempo inmemorial. Más adelante fue ampliada y adaptada a la adoración de Benten, que acabó identificándose con la primitiva diosa del Mar. El templo actual es tremendamente extraño y bello. Consiste en un grupo de edificios y galerías que se levantan en una playa arenosa que inunda la marea hasta parecer que el templo flota sobre las aguas: imagen auténtica del palacio del Rey Dragón. En las galerías hay colgadas hileras de linternas de hierro, y sus luces se reflejan en el mar, mientras los sagrados ciervos corretean por la playa, cerca del templo, cuando bajan las aguas. Las alturas rocosas y empinadas de la isla se elevan detrás del templo, ocasionando un fondo espléndido al pintoresco y suntuoso palacio del Dragón. El hombre que concibió la idea de combinar la grandeza de la naturaleza con la belleza de la arquitectura, y que encajó la historia del palacio del Dragón con la veneración a la Princesa Dragón, fue Kiyomori, el dictador militar del siglo XII y héroe del poema épico *Heike Monogatari.*

Mientras Kiyomori era gobernador de la provincia a la que pertenece la isla, salió un día a navegar y divisó una barquita que se aproximaba a su embarcación. Estaba hecha de conchas y resplandecía con el brillo de las-perlas, luciendo una vela escarlata de fino satén. En la barca iban tres jóvenes semejantes a hadas. Kiyomori las recibió con suma cortesía y ellas le dijeron que eran Benten (o las antiguas Ichiki-shima-hime japonesas) y sus dos hermanas. Le prometieron al guerrero una carrera extraordinariamente afortunada si ampliaba el templo y renovaba la adoración a las deidades. Kiyomori se apresuró a obedecer aquel mandato y desde entonces la familia del militar lució la insignia escarlata que antaño flotaba sobre todo el Japón.

Otro lugar famoso por la veneración de Benten es Chikubu-shima en el lago Biwa. La isla se eleva abruptamente desde el mar y sus acantilados están poblados de siemprevivas. Los poetas nunca se han cansado de cantar su belleza, y la fantasía popular atribuye toda clase de maravillas mágicas al lugar. Hay allí un santuario dedicado a Benten, cuya música se oye entre las olas que se estrellan contra los rocosos acantilados, y su imagen se ve flotando en el cielo cuando la luna transforma la isla y sus alrededores en un reino de luz plateada. Se dice que cierto día de primavera, estando la luna llena en el firmamento, todas las deidades y hadas del país se reunieron en Chikubu-shima y formaron una gran orquesta. Un cuento relacionado con ese concierto de los dioses y diosas trata de un muchacho que fue transformado en un ser feérico y sumado a tan elevada compañía. El muchacho desapareció, dejando a su padre adoptivo el instrumento que él solía tañer. Naturalmente, los músicos tienen a gran honor practicar su arte en Chikubu-shima, y se dice que uno incluso llegó a ver a la diosa, la cual le enseñó más secretos de su arte.

Hay otra célebre capilla dedicada a Benten en E-no-shima, «la isla de la Pintura», cerca de Kamakura, en la costa del Pacífico. La leyenda relacionada con esta capilla dice que la Reina de las Hadas allí adorada estuvo casada con un Rey Dragón que vivía en una balsa de la isla principal, cerca de la playa arenosa que une la isla al continente. Según esta historia, el dragón era un ser semejante a una serpiente feísima, y se asegura que Benten sólo cedió al amor apasionado de dicho ser tras una larga resistencia.

La creencia en tribus de serpientes marinas es general, y hay muchos relatos a ellas concernientes y a los misterios de las profundas aguas donde viven. Frecuentemente se las relaciona con las tempestades que el Rey Dragón puede promover o acallar, y con las luces misteriosas que se ven en el mar. Estas luces se llaman Ryu-to o «linternas del dragón», y aparecen en noches de fiesta en ciertos santuarios de la costa. La más famosa es la Ryu-to que anuncia la llegada de los dragones que brindan obsequios a las deidades reunidas en la Gran Capilla de Izumo, en el Mar del Japón. Nadie, salvo los sacerdotes, baja a la playa a recibir las ofrendas de esos dioses del Mar. El flujo y reflujo de las mareas se atribuyen al poder de estas hadas marinas, que poseen un misterioso joyel de cristal que puede elevar o descender el mar. Las tribus de serpientes ambicionan poseer otros cristales similares a fin de gozar del mismo poder mágico.

Hay un cuento interesante que ilustra esta historia. Se refiere a la madre de Fujiwara-no-Fusazaki, famosa ministro de Estado. Dice así:

Una vez el Emperador de China envió a través del mar cierto tesoro sagrado de su país que deseaba depositar en un templo budista, fundado y sostenido por la familia de Fujiwara. El barco que transportaba los tesoros al Japón padeció una espantosa tormenta cuando se aproximaba a la costa de Sanuki, en el Mar Interior. La tormenta se presentó con misteriosa brusquedad y se calmó también repentinamente. Pasada la tormenta el capitán de la nave observó que faltaba uno de los tesoros. Era un cristal donde la imagen del Buda se reflejaba perpetuamente. Los otros tesoros fueron trasladados al templo y después Fubito, el cabeza de familia de los Fujiwara, empezó a considerar la mejor manera de recuperar el perdido cristal. Sospechaba que lo había robado el Rey Dragón, culpable ya de otros delitos semejantes.

Fubito, pues, bajó a la costa de Sanuki y contrató a todos los buceadores de la provincia para que buscasen el tesoro. Ninguno tuvo éxito y Fubito ya había abandonado toda esperanza de recobrar el cristal, cuando una pobre pescadora le pidió intentarlo. Como recompensa solamente pidió que su único hijo[42] lo criase la noble familia de los Fujiwara si hallaba el divino cristal. Nadie pensó que pudiera tener éxito, pero se le permitió intentarlo.

La mujer se lanzó al agua y se fue hundiendo cada vez más hasta que divisó el palacio del Rey Dragón, viendo cómo brillaba el cristal en lo alto de una torre. Ésta se hallaba rodeada por varias clases de monstruos marinos, y al principio ella no vio manera de acercarse al cristal. Pero por suerte los guardias se durmieron y la pescadora trepó audazmente a la cima de la torre. Se apoderó del cristal y trató de alejarse nadando, pero los guardias se despertaron y la persiguieron tan de cerca que su huida era casi imposible. De pronto se le ocurrió pensar que la sangre les resultaba horrorosa a aquellos monstruos y a todos los servidores del Rey Dragón. Entonces se clavó un cuchillo y los monstruos marinos no se atrevieron a seguir persiguiéndola por aquellas aguas enturbiadas por la sangre. Cuando un hombre la ayudó a salir del mar por medio de una larga cuerda que ella llevaba atada a su cintura, estaba agonizante, pero encontraron el tesoro escondido en su pecho. De forma que el tesoro fue recuperado por la mujer que sacrificó su vida por su hijo.

El niño, prosigue la historia, fue adoptado por Fubito y llegó a

---

[42] Una versión es que el niño era hijo natural de Fubito.

ser el famoso estadista Fusazaki, quien construyó un templo budista en el mismo sitio donde falleció su madre, en su memoria. El templo existe aún en la actualidad[43].

Todavía podemos añadir otra leyenda que ilustra la naturaleza del Rey Dragón como guardián del budismo y de las rutas del mar. En la Edad Media, muchos sacerdotes intentaron ir a China y después a la India, pero sólo algunos llegaron a China y ninguno a la India. Uno de los monjes, ansioso por visitar la patria del budismo, pasó varias noches en el santuario de Kasuga rogando para que el viaje fuese tranquilo. Una noche, apareció un Rey Dragón que custodiaba el santuario de Kasuga y convenció al monje para que abandonase su proyecto, porque la escena del sermón del Buda en el Pico del Buitre podía serle mostrado en una visión. El monje siguió el consejo y percibió la visión.

Inferior a la tribu del Dragón pero, igual que sus componentes, habitantes del mar, es Ningyo, la mujer-pescadora[44]. Tiene cabeza de mujer con larga cabellera, pero su cuerpo es como el de un pez. Esta especie de sirena suele aparecerse a los seres humanos para darles un consejo o una advertencia. Sus lágrimas son perlas y, según una leyenda, un pescador que la atrapó en su red pero la dejó luego en libertad recibió lágrimas como premio, llenándosele todo un cofre con las perlas. Otra creencia acerca de ella es que la mujer que come de su carne logra la juventud y la hermosura perpetuas, y se cuentan muchas historias de mujeres que tuvieron la suerte de poder comer tan milagroso alimento.

Otro ser semejante a un ser feérico de origen marino es el Shojo; aunque no pertenece al mar se cree que llegó al Japón a través de las aguas. Probablemente es una personificación

---

[43] Esta historia se teatralizó en una de las obras No, que representan una visita hecha por Fusazaki, el hijo de la mujer difunta. La historia la relata más detalladamente Y. Ozaky en "El Buda de Cristal".

[44] El hombre es Same-bito, «el hombre-tiburón». Cf. Lafcadio Hearn, *Shadowings*, Londres, 1900.

idealizada del orangután, que no es nativo ni de China ni el Japón, aunque algunos parecen, sin saber cómo, encontrarse ambas naciones. El Shojo es una feliz encarnación del epicureísmo que, obteniendo su mayor placer de la bebida perpetua, se le considera como el genio del sake. Su rostro es rojizo o escarlata, y su aspecto es muy juvenil. El largo cabello le cuelga casi hasta los pies; ama sobre todo el sake, lleva ropas chillonas de rojo y oro, y baila una especie de danza bacanal.

No existen leyendas bien definidas sobre esos seres, pero a menudo se los ve pintados grupos de dos o tres Shojos en cuadros o en estatuillas, y su danza característica se baila con acompañamiento coral, con cantos que alaban a tales seres y a la bebida que aman.

IV. LOS INMORTALES TAOISTAS

Consideremos ahora al Sennin, el «Hombre de la Montaña», el hombre ideal del misticismo taoísta, modificado por la imaginación popular del Japón. Se cree que los Sennin obran hazañas sobrenaturales: puede volar por el aire, proyectar su propia imagen por la boca, caminar sobre las aguas del mar, convertir una calabaza mágica en un caballo, invocar animales misteriosos de la nada a voluntad y otras maravillas semejantes. Pero lo más esencial de ellos es que se hallan más allá del efecto de los cambios del mundo, así como de sus conmociones, y gozan de una vida inmortal en una bendita serenidad y la absoluta emancipación de todo cuidado. Son reclusos ideales que están más allá de las limitaciones humanas y viven en constante comunicación con la naturaleza; los hombres en quienes se encarna el macrocosmos y que, por consiguiente, son los verdaderos «hijos de la naturaleza».

Se dice que tienen su hogar en medio de distantes montañas, o en felices islas, e incluso en el mismo cielo, y sus reuniones son como una asamblea de poetas o «librehabladores». Pero los Sennin son eminentemente individualistas y hasta cuando festejan algo juntos, cada uno se basta a sí mismo y halla su placer en sí mismo. Este mito tiene su origen en el largo período de inquietudes que padeció China durante los siglos que siguieron al IV. En aquel tiempo de desintegración social muchos hombres de talento se retiraron del mundo. Estos misteriosos reclusos fueron idealizados por el pueblo llegando a ser confundidos con seres sobrenaturales. La idea de una vida recluida y meditativa encontró simpatía en Japón durante la época de confusión de los siglos XIV y XV, y las historias sobre los Sennin se convirtieron en los cuentos populares de aquel período.

El más conocido de los Sennin es Tobo-saku, «el Principal Hombre del Este», junto con Weiwobo, «la Reina Madre del Oeste». El primero es un anciano que jamás envejece y habita en algún sitio del Este. Su inmortalidad está simbolizada por un melocotón que sostiene en la mano y evidentemente representa a la siempre renaciente vitalidad de la primavera. La Reina Madre vive en una meseta, cerca del Cielo, hacia el Oeste de China. Es una hermosa dama de eterna juventud, rodeada por una corte de jóvenes hadas y reverenciada por todos los Sennin y los seres feéricos como su soberana. Muchos Sennin están asociados con los animales o las plantas que simbolizan sus respectivas cualidades. Por ejemplo, Rafu-sen, que probablemente significa «la sutileza ilusionada», es el genio femenino de las flores del ciruelo, la flor amada de los poetas chinos y japoneses como pionera de la primavera y representante típico del perfume puro y la belleza casta. Rafu-sen vaga entre los ciruelos por la noche, especialmente a la luz de la luna. Kinko Sennin, «el Hombre Alto con un Arpa», cabalga sobre una grulla blanca y tañe su instrumento mientras vuela por los aires. Kiku-jido, «el joven-Gracia del Crisantemo» es el genio de esa flor. Es un muchacho eternamente joven que vive en las montañas, junto a un manantial junto al cual florecen los crisantemos y del que, por virtud de esas flores, mana un riachuelo dorado de maravillosos poderes curativos. Gama Sennin, o «el Maestro Sapo» tiene el poder de producir cualquier cantidad de sapos y cabalgar en ellos por el Cielo.

Estos y otros muchos Sennin fueron importados al Japón, donde se hallan más representados en pinturas que celebrados en el folclore. Pero Japón también tuvo sus propios Sennin. El más conocido es En-no-Ozuna, apodado Gyoja, o «el Amo Asceta». Gyoja es la figura mítica de un famoso asceta que se disciplinaba en las montañas, en el siglo VIII. Construyó un puente de rocas de una montaña a otra, gracias a la ayuda de los dioses y los espíritus, los demonios y los gnomos. Durante las obras, el genio de una de las montañas unidas por el puente se negó a obedecer las órdenes de Gyoja porque a causa de su extrema felicidad no quería aparecer entre los otros espíritus. Gyoja le castigó encerrándole en una cueva, en la que se halla prisionera hasta el presente día. Esta historia puede referirse a la fase de la historia religiosa del Japón, cuando el ideal taoísta-budista era obtener lo mejor de las viejas creencias nativas. Además, por otra parte, se dice que Gyoja fue condenado por las autoridades gubernamentales como mago, y durante su exilio realizó una serie de hechos sobrenaturales. Este típico Sennin japonés todavía ejerce cierto hechizo sobre la imaginación popular y su imagen se ve en muchas cuevas, sentado en una silla con un cayado en la mano.

Según la creencia popular, no obstante, los Sennin corren el peligro de perder sus poderes sobrenaturales si se sienten tentados a ceder a las pasiones humanas, como hizo Ikkaku Sennin, el «Unicornio[45]». Pasó por un largo entrenamiento disciplinario y obtuvo el poder de obrar milagros. Una vez combatió con la tribu del Dragón y los encerró a todos en una cueva. Como resultado de ello no llovió más, porque la lluvia era controlada por los Dragones, y toda la tierra padeció una espantosa sequía.

El rey de la tierra, Benares, se enteró de la causa de tal calamidad e ideó una estratagema para tentar al poderoso Sennin y así liberar a los Dragones. A tal fin, el rey envió la dama más bella de su corte a la montaña donde vivía el Unicornio. El Sennin quedó tan prendado de la hermosura de la dama que consintió en beber el vino que ella le ofreció. Cuando el Sennin quedó intoxicado perdió todos sus poderes y los Dragones pudieron salir de su encierro. Luego, el Sennin se sobrepuso a su embriaguez y trató de luchar contra sus enemigos. Pero era tarde. Los dragones huyeron hacia el cielo y la lluvia se abatió sobre la tierra a torrentes. Así triunfó el plan del rey y la tierra se refrescó.

Otro ejemplo conocido del fracaso de un Sennin es el de Kumé-no-Sennin. Éste vivía como un asceta entre los montes próximos a Kumé-dera, un templo budista, y alcanzó el notable poder de alimentarse del aire y volar. Un día, cuando estaba gozando del aire, vio más abajo de él a una mujer que lavaba sus vestidos a la orilla del río. Su atención se vio atraída por los blancos pies de la lavandera que relucían en el agua. Entonces, cedió a la tentación y perdió sus poderes sobrenaturales. Cayó a la tierra, por suerte ileso, pero jamás recuperó sus dones milagrosos. Se dice que se casó con la mujer y dejó posteridad. Su destino siempre se citaba como ejemplo típico de la caída desde las alturas, aunque esta historia también parece pertenecer al grupo que trata de los casamientos entre un ser celestial y otro humano.

---

[45] En sánscrito: *Eka-srga.* Cf. Takakusu, *The Study of Ekasrga* (Hansei Zasshi), 1898, pág. 10 y ss.

No sólo son muy populares en Japón las leyendas de los Sennin, sino que la creencia en esos seres sobrenaturales es aún, hasta cierto punto, una fuerza viva entre el pueblo. Los candidatos a ser Sennin se alimentan con vegetales crudos evitando los cocidos, caminan por entre las montañas, se bañan a menudo en agua fría y casi nunca duermen bajo techado. Esperan obtener la inmortalidad de la vida corporal y creen poseer poderes supranormales. Uno tenía la seguridad de ver nubes purpúreas que descendían del Cielo dispuestas a recibirle si saltaba desde un abrupto acantilado. Se atrevió a saltar, pero su seguridad resultó ser una ilusión y se mató. De todas maneras, esos hacedores de milagros suelen ser venerados por el pueblo y sus historias circulan con gran frecuencia por el ámbito japonés.

Los Hombres de las Montañas, a pesar de su autosuficiencia, tenían su propia sociedad. Sus asambleas eran a menudo representadas pictóricamente. Tales asambleas tenían lugar en una reunión ideal llamada Senkyo, el reino de los Sennin, una comarca situada entre montañas, donde los pinos simbólicos de la longevidad crecían hasta los cielos, y donde las terrazas dejaban divisar amplios panoramas correspondientes a las mentes libres y espaciosas de los Sennin. Allí intercambiaban opiniones, componían poemas, tocaban música o se dedicaban a la meditación. Este reino ideal era el paraíso de los taoístas, pero al revés que el paraíso de los budistas, no era un mundo brillante o resplandeciente. Era solamente un lugar bellamente ideal habitado por esos inmortales, que formaban una comunidad propia, sin estar muy bien organizados ni unidos como los que moraban en los paraísos budistas.

Al Senkyo solía pintársele en cuadros que, a su vez, estimulaban la imaginación poética de los japoneses hacia sueños de una serenidad y una reserva ideales, de total emancipación y alejamiento de las ansiedades mundanas, de felicidad inmortal y de amparo contra las enfermedades y la muerte. Muchos budistas japoneses, imbuidos de las doctrinas taoístas, trataron de imitar la vida ideal de los inmortales. Así, copiaron las asambleas de aquéllos en reuniones de un tipo peculiarmente sosegado y contemplativo, o en asambleas para charlas totalmente libres y juegos florales, y proyectaban sus viviendas y jardines como imitaciones de las del Senkyo ideal.

En resumen: el concepto del Senkyo era una fuente de inspiración auténtica para el folclore y la estética de los japoneses.

Fue en los siglos XIV y XV cuando las ideas chinas de los Sennin y los Senkyo tuvieron mayor difusión por Japón y se asimilaron con las creencias populares de los japoneses. Aquel período fue una época de eclecticismo y así como los budistas absorbieron los ideales de vida taoístas, los sintoístas no tardaron en distinguir sus propias ideas y tradiciones de las concepciones budistas. Esta tendencia tuvo como resultado el establecimiento de un grupo de deidades, o inmortales, consideradas como los genios patronos de la fortuna y la longevidad, siendo tomados de todas las fuentes disponibles. El grupo sufrió diversos cambios, pero a finales del siglo XVI quedó definitivamente bien dispuesto y llegó a ser conocido como «las Siete Deidades de la Buena Suerte» (Sichi Fukujin).

Estas deidades son:

1.   Ebisu, originalmente el hijo abortado de las primitivas deidades, que era como un pez gelatinoso, y quedó modificado como el patrón dichoso de la buena suerte. Posee una cara redonda, con una sonrisa perpetua. En la mano derecha lleva un sedal con el que pesca el besugo, pez que se considera el símbolo de la buena fortuna.

2.   Daikoku, la «Gran Deidad Negra», que era una modificación del indio Maha-kala[46] combinado con el japonés O-kuni-nushi, el «Gran Amo de la Tierra», cuyo nombre, escrito en ideogramas chinos, se pronunciaba como Daikoku. Esta deidad se representaba con un hombre robusto, de tez oscura, con rostro sonriente. Llevaba un saco al hombro y un mallo o martillo en la mano derecha. Está de pie sobre dos sacos de arroz que, junto con el de su espalda, simboliza una

[46] Kala, significaba originalmente "muerte", pero en este caso se interpreta como "negro".

inagotable fuente de riquezas, mientras que el mallo sirve para producir lo que anhela cada uno de sus adoradores. La rata es el animal asociado con Daikoku.

3. Bishamon, el Vaisravana budista, es el guardián del norte que subyuga a los malos y protege a los buenos. Según la creencia popular es el dador de riqueza, y se supone que el santuario budista que sostiene en su mano derecha contiene dinero. Está asociado en las pinturas y el folclore con el ciempiés.

4. Benten, a la que hemos visto como hada, es la única mujer de este grupo, y se la considera patrona de la belleza femenina y de las riquezas. Su mensajero es la serpiente blanca.

5. Fuku-roku-ju o el «genio de la Fortuna-Riqueza-Longevidad», es una figura china que fue antaño un sabio taoísta. También se habla de él como de una encarnación de las estrellas del polo sur. Posee una cabeza sumamente alargada, emblema de todo lo que le concede a la humanidad. Siempre va acompañado de la grulla blanca, símbolo de longevidad.

6. Ju-rojin, «el Anciano de la Longevidad»; también es un taoísta inmortal y patrón de la larga vida. Un ciervo pardo oscuro es su animal y vaga entre árboles y matorrales, que simbolizan la salud y la larga vida.

7. Hotei, el que ama a los niños, es un monje gordo que se cree vivía en tiempos muy remotos en China. Es la encarnación de la alegría y el regocijo, y siempre juega con los niños, a los que a veces mete en el saco que lleva al hombro. Este saco también contiene muchos tesoros que reparte entre los que jamás se preocupan por los problemas que ofrece la vida.

En este grupo de deidades o inmortales, tenemos una combinación de figuras míticas de origen indio, chino y japonés, vulgarizados en gran parte por el deseo popular de ser ricos y tener buena suerte. Estas deidades tienen sus adoradores, aunque no sean siempre tratados con respeto. A menudo constituyen el tema de representaciones cómicas, pictóricas o teatrales, y también son temas favoritos de canciones folclóricas. El genio japonés, tan apto para el regocijo y la risa, ha hecho posible estos aspectos tan contradictorios con los que aparecen en el arte y la literatura estas siete deidades.

Capítulo IV

DEMONIOS, VAMPIROS
Y OTROS SERES FANTASMALES

Los japoneses adoptaron a los ángeles budistas y los inmortales taoístas con muy pocas modificaciones, pero no ocurrió así con los demonios y otros seres fantasmales tomados de las fuentes indias o chinas, y a veces resulta extremadamente difícil seguir el rastro de la identidad de tales concepciones. Es un hecho, no obstante, que los espíritus malvados de la antigua mitología nativa son objetos vagos y sombríos, apenas algo más que nombres[47]. Casi todos los demonios o seres fantasmales del folclore japonés son de origen extranjero, aunque la imaginación japonesa les ha dado formas muy distintas de las que tienen en otros países.

Los seres de esta especie pueden dividirse en tres clases, aunque sean borrosas las fronteras que las separan. Son:

- Fantasmas, puros y simples, o formas deterioradas de almas humanas errantes.

- Demonios, seres de origen infernal, creados para castigar a los malvados, pero a menudo ocupados en verdaderas travesuras, en cuyo caso son de carácter cómico.

- Vampiros aéreos, llamados Tengu, y semejantes a los espíritus furiosos que rabian en el aire.

---

[47] La antigua mitología sintoísta habla de los Maga-tsumi, los espíritus malignos, cuyo jefe es Oh-maga-tsumi, el Gran Maligno, cuyas hordas son los servidores del Dios-Tormenta y sus descendientes, especialmente El Gran Amo De la Tierra. Pero jamás se describieron su aspecto ni sus malvadas hazañas. Esos seres quedaron completamente eclipsados por los demonios budistas, y fue Hiraa, el revivalista seudo racionalista del shinto, quien resucitó el temor a esos malignos en el siglo XIX. Pero su influencia no llegó a la mente popular.

Aquí puede ser conveniente decir algo referente a la doctrina budista acerca de la transmigración del alma. Además de las cuatro etapas superiores del budismo, hay varias clases de espíritus inferiores, no perfectos. Los más elevados viven en los cielos *(elevas)*. Ya hemos hablado de esos seres celestiales o angélicos. No hay que confundir esos cielos con los paraísos, porque sus habitantes celestiales están sujetos a cambios y corrupción. Después viene la humanidad, cuyas almas inferiores se convierten a su vez en fantasmas hambrientos (en japonés, *gakis*, en sánscrito, *pretas)*. Algunos de estos fantasmas están solamente atormentados por un hambre y una sed perpetuas, pero otros son espíritus vengativos que vagan por el mundo y causan males a los que odian e incluso a seres inocentes. La clase siguiente es la de los *asuras*, o espíritus furiosos, crueles y arrogantes y mucho más poderosos que los fantasmas ordinarios. Estos suelen ser personalidades renacidas de los que murieron en combates; siempre ávidos de venganza, vuelan por los espacios celestiales, luchando entre sí o atacando a los seres humanos que fueron sus enemigos. El orden de existencia más bajo se halla en las regiones infernales (Naraka). Los espíritus nacidos en tan sombrío y lóbrego paraje raras veces aparecen por el mundo, pero el diablo, *oni*, que habita en los infiernos tiene un papel preponderante en el folclore popular.

I. EL DIABLO

El oni abarca desde el gigante que puede devorar todo el mundo, mediante ogros y vampiros, al diminuto duende autor de travesuras. Pero los japoneses suelen pensar que un oni es un diablo feo y temible que surge de las regiones infernales para arrastrar a los pecadores hacia el averno, para castigar a los malvados aún con vida, o aterrorizar a los hombres de mala disposición. Su cuerpo varía igual que su color; puede ser azul, rosa o gris; tiene la cara aplanada y muy ancha la boca que se extiende de oreja a oreja. En la cabeza ostenta unos cuernos; a menudo luce un tercer ojo en la frente; los pies tienen tres dedos con uñas puntiagudas, y son asimismo tres los dedos de las manos. Va casi desnudo y su taparrabos está hecho de piel de tigre. Puede andar por la tierra o volar por el aire. En la mano derecha lleva a menudo una vara de hierro provista de púas muy afiladas.

Estos demonios se aparecen en una carreta envuelta en llamas para apoderarse del alma de un ser malvado a punto de morir. Los terribles tormentos que idean para las almas perdidas del infierno constituyen los temas de muchas leyendas fantásticas. Sin embargo, pertenecen a la mitología puramente budista y tienen cierta semejanza con los diablillos y los demonios de la superstición medieval cristiana.

Mas pese a su terrorífico aspecto, el oni del folclore japonés es un personaje tremendamente cómico. Les gusta entrometerse en los asuntos humanos, pero son fácilmente burlados con sencillos encantamientos y hechizos, y su consiguiente irritación suele ser el tema de una historieta cómica. Se les engaña con suma facilidad, y su fuerza demoníaca así como su espantosa apariencia, los hace aún más ridículos cuando son engañados o quedan indefensos ante los mismos a quienes deseaban asustar.

Un cuento curioso, perteneciente a una colección de historias escritas en el siglo XII, ilustra de manera divertida esta peculiaridad del oni. Se conoce como «Extirpando los bultos» (Kobu-tori).

Érase una vez un viejo que tenía un gran bulto en la mejilla derecha. Un día se quedó hasta tan tarde en el bosque cortando leña que se vio obligado a buscar un refugio para pasar la noche, cosa que hizo en el hueco de un árbol. Hacia medianoche oyó unos ruidos confusos muy cerca y al fin comprendió que los hacía un grupo de onis, compuesto por una gran variedad de diablos. Asomó la cabeza y los vio sentados ante una mesa bien provista de viandas, y bailando uno tras otro, unos muy bien, otros bastante mal. El viejo se divirtió mucho al ver aquella francachela y sintiendo ganas de tomar parte en la diversión, salió del hueco del árbol y empezó a bailar. Los diablos se asombraron ante aquella aparición, pero les encantó que un ser humano les acompañase, sobre todo al observar la habilidad que el viejo tenía para el baile.

Imagen de uno de los muchos Onis que hay en la mitología japonesa, en este caso, Rashomon.

Así pasaron un par de horas muy agradables y, cuando llegó la hora de marcharse, los onis le pidieron al viejo que volviese otra noche para darles otra prueba de su arte coreográfico. El viejo consintió en ello, pero los diablos quisieron tener una prenda de su palabra. Para ello podían haberle cortado la nariz o las orejas, pero decidieron quitarle el bulto de su mejilla derecha,[48] ya que el viejo les hizo creer que era lo que más apreciaba de su persona.

Cuando el viejo regresó a su aldea, la gente se asombró al ver que ya no tenía el bulto en la mejilla, y la historia no tardó en circular por toda la comunidad. En la misma aldea vivía otro viejo que tenía un bulto en la mejilla izquierda. Al enterarse de la maravillosa historia, deseó que los diablos también le extirpasen el bulto. A la noche siguiente subió a la montaña, tal como su amigo le había dicho que hiciese, y aguardó la llegada de los diablos. Éstos no tardaron en presentarse y empezaron a comer, a beber y a bailar. El viejo salió tímidamente del hueco del árbol y trató de bailar, pero no era buen danzarín y los diablos pronto comprendieron, a causa de su torpeza, que aquel viejo no era el mismo de la noche anterior. Se enfadaron mucho y conferenciaron para decidir cómo podían hacerle pagar cara su osadía. Finalmente determinaron pegarle el bulto que habían quitado de la mejilla derecha del primer viejo, de modo que el viejo que tenía el bulto en la mejilla izquierda tuvo de repente otro en la mejilla derecha, por lo que volvió a la aldea con el rabo entre las piernas, como suele decirse.

La moraleja unida a este cuento es que nunca hay que envidiar la suerte ajena, aunque esta moraleja es seguramente un añadido del autor, pues el motivo original era exclusivamente contar una historieta divertida.

La misma colección contiene otras historias referentes a diablos, en las que aparecen ya como seres terribles, ya como seres sumamente cómicos. Por ejemplo, un monje itinerante se encontró en cierta ocasión con un espantoso diablo entre las montañas. A pesar de su aspecto monstruoso y temible, el diablo estaba llorando amargamente. El monje le preguntó acto seguido la razón de tal llantina. El diablo le explicó que antaño era un ser humano, pero debido al espíritu vengativo que había albergado contra su enemigo

---

[48] Derivado de la idea de que los onis devoran carne humana.

se había transformado en diablo. Así, había podido vengarse no sólo de su enemigo sino de sus descendientes a través de varias generaciones, ya que un diablo vive mucho más tiempo que un ser humano. Y había matado al último miembro del linaje de su enemigo, y no quedaban enemigos a los que perjudicar. A pesar de ello seguía viviendo torturado por el incesante afán de venganza.

La desdicha de ese diablo consumido por unas pasiones que no podía satisfacer entraña una lección muy grata a los budistas, aunque un monstruo que llore por tal causa tenga en sí cierta dosis de humor. Es posible que de esa leyenda provenga el familiar proverbio: «Hay lágrimas hasta en los ojos del diablo». Otro proverbio dice: «Incluso los diablos saben cómo rezarle al Buda», y éste es un tema favorito de los pintores. Un demonio con una cara de horrorosa fealdad está pintado con ropajes monacales, agitando una campanilla que le cuelga del pecho, suponiéndose que repite el nombre de Buda al unísono de la campana. Los diablos así caricaturizados abundan en las pinturas japonesas, especialmente en las obras de la última generación de pintores.

Como contrapartida a los diablos, el folclore japonés tiene una especie de arcángel Miguel en la persona del Shoki. Al parecer, vivía en China durante el siglo VIII. Asegura la leyenda que se suicidó al fracasar en su carrera oficial. Pero después de su muerte el Emperador le honró sobremanera, y entonces Shoki se cuidó de proteger el palacio Imperial contra los demonios. Se le representa como un gigante luciendo una corona y con atuendo de oficial chino de la época, empuñando una espada en la mano. Sus ojos destellan coléricamente y sus mejillas están cubiertas por una barba muy poblada. Persigue a los demonios sin el menor remordimiento, y en los cuadros donde se le ve luchando con algún diablo, el contraste entre su elevada estatura y la del diablillo es altamente divertido. La figura de Shoki aparece en las banderas izadas el Día de Mayo japonés, una fiesta en la que se exorciza a los malos espíritus de la peste, las demás enfermedades y las plagas.

Se dice que algunos onis poseen un mallo milagroso,

como el del Daikoku[49], que puede conceder todo lo que uno desea. Hay una historia que lo confirma referente a Issun-boshi, «el Pulgarcito».

Érase una vez una pareja ya de edad que al no tener hijos continuamente le rezaban al dios de Sumiyoshi les concediera uno, aunque sólo tuviese una pulgada de estatura. Su plegaria fue escuchada y les nació una especie de pigmeo. Lo llamaron Issun-boshi o sea «el Pulgarcito»; sin embargo, resultó ser un chico muy listo. Al crecer, aunque muy poco, deseó ver mundo y empezar una carrera en Mi-yako, la capital imperial. Sus padres le dieron provisiones y el enano se puso en marcha, llevándose un plato de madera y un palillo que usaba como barca y timón al atravesar los ríos. Cuando llegó a Mi-yako entró al servicio de un noble y pronto fue su más fiel servidor.

Un día acompañó a la princesa de la mansión al templo de Ki-yomizu, y al regreso les detuvo un oni, amenazándoles con devorarlos. El hábil y valeroso Issun-boshi saltó a la boca del oni y le pinchó los labios y la nariz con su espada, que era un alfiler, el oni, hallando el dolor intolerable, se libró como pudo de su asaltante y huyó. Cuando el oni hubo desaparecido, la princesa encontró un mallo que por lo visto le había caído al oni en su huida. La joven sabía que los onis a veces llevan un mallo maravilloso que puede conceder cuanto se le pida, por lo que recogió aquel y lo blandió, pidiendo que Issun-boshi se convirtiera en todo un hombre. El Pulgarcito inmediatamente se transformó en un hombre de buena estatura. La princesa le dio las gracias por haberla salvado del oni, e Issun-boshi le agradeció a la princesa haberle convertido en un hombre. Más tarde se casaron y vivieron eternamente felices.

---

[49] Los mallos o martillos mágicos abundan en la mitología japonesa, asociados a seres sobrenaturales. Otros materiales mágicos también se citan como el caso de "El saco de arroz de Toda". La idea de un muchacho de una pulgada puee ser rastreada hasta la del "Hombrecito famoso".

II. EL FANTASMA HAMBRIENTO Y EL ESPÍRITU ENFURECIDO

Menos temible pero quizá más desdichados que los onis son los *gakis*, o fantasmas hambrientos, que sufren perpetuamente de hambre y de sed, y ante quienes cualquier alimento o bebida se consume entre llamas. En las obras budistas hay varias descripciones de esos fantasmas, pero en el folclore japonés se han convertido en seres infelices, terriblemente demacrados salvo por el vientre, que está anormalmente hinchado. Ese vientre hinchado y la boca muy ancha simbolizan su hambre nunca saciada, y por eso se agrupan allí donde quedan residuos de comida o bebida. Pocas leyendas se refieren a ellos, pero todo ser humano lleno de gula o ávido de riquezas se asemeja a un gaki. Así, además de las pinturas de gakis, muy comunes, existen frecuentes referencias a esas criaturas desdichadas, tanto en los cuentos como en los proverbios.

El tercer orden de espíritus introducidos en la mitología japonesa por el budismo es el de los *shuras*, «Espíritus Enfurecidos». La morada de los shuras es el cielo donde se reúnen para luchar entre sí en grupos hostiles. Su aspecto es el de los guerreros; sus gritos de rabia son como truenos, mientras que sus apiñados grupos a veces oscurecen el sol o la luna. Los shuras son reencarnaciones de guerreros muertos en combate. No hay valkirias en el folclore japonés, ya que esos seres enfurecidos son todos machos, y encarnan el espíritu del odio y la venganza. A los shuras se les confunde más o menos con otro tipo de seres, probablemente de origen chino, una especie de ogros aéreos muy comunes en el folclore japonés, bajo el nombre de tengu.

El *tengu* es de dos clases: la principal y la subordinada. El jefe tengu lleva un ropaje rojo como el de un obispo, y una pequeña corona como el de un sacerdote montañés, luciendo en la mano derecha un abanico hecho de plumas. Tiene la expresión iracunda y amenazadora, y presenta una nariz muy prominente que se supone simboliza el orgullo y la arrogancia. Los jefes tengus poseen personalidades y títulos distintos, y se cree que cada uno reside en un alto pico de su propiedad. Por otra parte, los tengus inferiores están sujetos a un jefe y deben servirle siempre. Su boca se parece al pico de un pájaro y el cuerpo posee unas pequeñas alas. A ese respecto son muy similares al Garuda hindú, aunque más pequeños de estatura. Se congregan en bandadas en una criptomeria[50] gigante, cerca de la residencia del jefe, y desde ese árbol vuelan para ejecutar las órdenes dadas por su amo. Por eso se les llama Koppa Tengu o «tengus de reparto».

Los tengus son, como dijimos, reencarnaciones de aquellos cuyo espíritu arrogante y vengativo jamás fue abatido, de los orgullosos y altivos, especialmente sacerdotes, o de los que murieron en combate. Esos seres mantienen conferencias en lo alto de una gran criptomeria y, según la decisión adoptada, atacan a los que odian o a los que desean imbuir su propio espíritu orgulloso. En la época de las guerras, o sea los tres siglos que siguieron al XIV, los japoneses estuvieron obsesionados por terribles supersticiones sobre los tengus, abundando las leyendas respecto a ellos.

Estrechamente aliados con los tengus y los onis están los genios del viento y el trueno, llamados rai-jin y fu-jin respectivamente. Su nacimiento es incierto pero se parecen mucho a los onis. El espíritu del trueno es un oni rojo y el espíritu del viento, azul. El rai-jin lleva un marco redondo a la espalda, al que van unidos unos pequeños tambores. El fu-jin lleva un gran saco, del que salen rachas de viento, desde una brisa a un huracán según que el fu-jin abra más o menos el saco. No existen leyendas especiales sobre ellos, aunque se hallan frecuentemente representados en estatuas y pinturas, a veces cómicamente, como cuando se muestra a un rai-jin tambaleándose como un borracho, o a un fu-jin arrastrado por el viento que él mismo ha desencadenado.

---

[50] Especie de conífera propia de Japón. Se asemeja levemente al ciprés europeo.

III. OTROS SERES FANTASMALES

Hay seres fantasmales importados del continente asiático y mo-
dificados por los japoneses. A continuación describiremos algunas
de estas concepciones japonesas originales, todas son de origen más
tardío, probablemente no anteriores al siglo XIV.

Yuki-onne, «la mujer-nieve», es una joven de tez blanca, esbelta,
gentil y muy atractiva. Se aparece a los que están agotados por
luchar contra una tempestad de nieve. Los calma y atrae el sueño
sobre ellos, hasta que pierden el conocimiento y mueren. A veces se
encarna en una mujer muy hermosa y se casa con un hombre al que
finalmente mata.

Myojo-tenshi, el «Ángel de la Estrella Matutina», es un joven
guapo, ataviado como un príncipe. Se aparece a los hombres sabios
y virtuosos y los guía en sus viajes. A menudo guía a los monjes iti-
nerantes, por lo que esta creencia pertenece más bien al folclore
budista que al folclore en general.

El folclore japonés no posee seres como las dríadas o las ninfas,
pero sí tiene cuentos sobre espíritus de bosques, fuentes y lagos.
Los espíritus de los bosques y las montañas son generalmente
criaturas fantasmales, masculinas o femeninas, mientras que los de
las aguas son peces, tortugas o serpientes. Uno de los genios de la
montaña es Yama-uba, la «Mujer-Montaña», que ronda por los
montes y se aparece en formas muy variadas. Su nombre parece
haber sido antaño una palabra general para todos los espíritus
femeninos de las montañas, pero más adelante se aplicó a un
espíritu particular, del que empezaron a contarse toda clase de
historias.

Uno de los cuentos referentes a los espíritus femeninos de las
montañas es el de Morniji-gari, o «el Álamo itinerante»; hay una fa-

mosa versión de esta historia en un drama lírico. Un día de otoño, un guerrero subió a una montaña para gozar con el hermoso color carmesí de las hojas ya moribundas de un arce. Una vez se hubo adentrado en el bosque, se halló en compañía de unas damas que celebraban una fiesta detrás de unas relucientes cortinas de satén, que estaban corridas alrededor de ellas. El guerrero se unió a aquella compañía femenina y se sintió gratamente divertido, especialmente por la que mandaba el grupo, una joven noble. Mientras, el guerrero disfrutaba con la música y la cerveza de arroz que la damita le iba ofreciendo. En medio de la confusión, la dama se transformó en un demonio amedrentador que amenazó la vida del guerrero. Éste consiguió despertar del hechizo en el que estaba sumido y recuperando su compostura y su valor logró escapar de aquel espíritu traicionero. En esta leyenda, el genio femenino no tiene nombre[51], pero recuerda mucho a Yama-uba.

Yama-uba, la «Mujer Montaña» a veces adopta un aspecto aterrador, si bien en general se la representa como una joven muy bella, casada con un guerrero. Su hijito se llama Kintaro o Kintoki. Es un auténtico hijo de la naturaleza, robusto y valeroso; no teme a nada y juega con los animales salvajes. Podría ser considerado como el Sigfrido de los japoneses. Se dice que llegó a ser un servidor del famoso guerrero Raiko, del que hablaremos en el capítulo VI. En el drama lírico, la madre del muchacho es idealizada en un hada, la de las nubes y las nieblas, que vagan entre las montañas y visitan también las moradas humanas. A continuación damos un extracto del drama en cuestión:

CORO

La llamamos Doncella Montaña.

Pero nadie conoce su lugar de nacimiento ni su morada;

vive en las nubes y junto a todos los ríos.

No hay ningún lugar, ni en las montañas más remotas,

---

[51] Pero el lugar se especifica como el monte Togakushi, en Shinano.

donde no haya huellas de su paso.

DONCELLA

Aunque no soy un ser humano.

CORO

Se manifiesta en la figura maravillosa de tamaño monstruoso,

surgida de las nubes y las nieblas,

transformándose según lo que la circunda...

Hace que las hojas del sauce nazcan verdes de los retoños,

y que crezcan las llores, de un bello color rosa,

por sí mismas, y las abandona a sí mismas.

De este modo, la Doncella Montaña siempre vaga por el mundo,

a veces consuela al leñador,

dándole un sitio en el que reposar bajo un árbol florido,

junto a los senderos de las laderas montañosas...

O bien trepa hasta una ventana,

junto a la cual una joven trabaja en su bastidor,

y ayuda a sus juveniles manos;

como el ruiseñor cantando en el sauce,

teje los hilos verdes de las colgantes ramas.

CORO

En primavera, cuando se acerca la estación de las flores.

DONCELLA

Yo vago en busca de flores.

CORO

En el otoño, cuando la noche es tranquila y el aire translúcido.

DONCELLA

Yo emigro de montaña en montaña,

gozando de la luz plateada de la luna.

CORO

En el invierno, cuando las nubes traen tormentas y nieves.

DONCELLA

Yo vuelo sobre la nieve, por picos y senderos.

CORO

Ella vaga incansablemente entre las nubes de la ilusión,

y deja ver su figura como las montañas,

aunque cambiando perpetuamente.

Vuela en torno a los picos,

su voz resuena en los valles.

La figura tan próxima hace un momento

se aleja, volando arriba y abajo,

a la derecha y a la izquierda, rodeando las cumbres,

vagando entre las cordilleras, volando y deslizándose,

y finalmente sin dejar ningún rastro.

Capítulo V

HISTORIAS ROMÁNTICAS

Siempre y por doquier el amor es un estímulo poderoso para los sentimientos y la imaginación. Ninguna emoción la idealiza tanto la mente humana, y la literatura, oral o escrita, de todos los pueblos es rica en ficciones románticas que tratan de los innumerables aspectos y manifestaciones de la más tierna de las pasiones. Cada historia de amor, naturalmente, refleja los sentimientos prevalentes y el ambiente social de la época en que tuvo lugar. Por esto, ninguna historia puede considerarse como absolutamente universal en su encanto. Algunas son tan ingenuas, tan sencillas, tan emotivas, que pasan de una a otra época llevando siempre un mensaje al corazón humano. Quedan filtradas, por expresarlo de alguna manera, a través de las diversas simpatías de las generaciones, y cada individuo halla en ellas un eco de su propia experiencia. Esta clase de historia romántica es lo que Richard Wagner llamó el *reinmenschlich*, o pureza humana, y deben diferenciarse de los relatos y novelas de estructura más intrincada y de pasiones más intensas, y al mismo tiempo menos directas y menos atractivas para las emociones de la raza. Estas historias pertenecen a la común tradición emocional de la humanidad. Sabemos que los héroes y las heroínas son creaciones de la imaginación, pero no podemos negar la impresión de que poseen una realidad más auténtica que la de los hombres y mujeres verdaderos. La suya es una realidad ideal; son prototipos siempre iguales e inmortales de los amantes de todas las épocas, de todos los climas.

En la historia hubo dos grandes edades favorables a la producción de historias románticas de este tipo especial. En la antigüedad, a finales del siglo VIII, la imaginación de la raza todavía se hallaba en la fase primitiva y mitológica del desarrollo. En aquellos tiempos, los mitos naturales a veces se traducían en relatos sencillos y encantadores, animados por el amor humano. De nuevo, entre los siglos X y XII hubo una época de sentimientos románticos cuyo origen fue el ambiente peculiar de la vida cortesana y se vieron estimulados por la concepción budista de la realidad. Más tarde, en el siglo XV hubo una especie de renacimiento de ese interés por el amor romántico, pero el movimiento ya no fue creativo como los dos anteriores, aunque sirvió para refinar y sofisticar más los materiales heredados de aquellas épocas.

En las historias de las dos edades mencionadas, los protagonistas son, en ocasiones, personificaciones de objetos naturales, pero más a menudo son seres humanos que representan los sentimientos e ideales de aquel período. Primero reproduciremos un relato de los mitos más antiguos que trata de los fenómenos personificados de la naturaleza.

Eran dos hermanos, Haru-yama no Kasumi-onoko, y Aki-yama no Shitabu-onoko, o sea: «el Hombre Niebla de la Montaña de la Primavera» y «el Hombre Escarcha de la Montaña del Otoño». Por aquellos días había una joven llamada Izushio-tome, o sea «la doncella de las Gracias», nacida de los ocho tesoros divinos —a lanza, las joyas, etcétera—, la cual fue llevada por un príncipe coreano al Japón. El hermano mayor, el Hombre Escarcha del Otoño, anhelaba casarse con la joven, pero ella rechazó su amor. El hermano mayor se lo contó al menor, el Hombre Niebla de la Primavera, y prometió hacerle un buen regalo si lograba conseguir a la muchacha. El Hombre-Niebla aseguró que estaba seguro del éxito, y le preguntó a su madre[52] cómo podía llegar hasta el corazón de la joven. Su madre le tejió unas prendas hechas con los finos zarcillos de la glicina y le entregó un arco y unas flechas que debía llevar al visitar a la doncella. Cuando el Hombre Niebla llegó a la casa de la joven, sus vestidos tenían un tono purpúreo y su arco y las flechas estaban adornadas con flores de glicina. La muchacha le dio la bienvenida al hermoso joven tan adornado con flores, se casó con él y le dio un hijo.

El hermano menor fue después a ver al mayor y le contó su éxito, pidiéndole el regalo prometido. Pero el Hombre Escarcha se mostró muy celoso de su hermano y no cumplió su promesa. Entonces, el Hombre Niebla fue a ver a su madre y se quejó de que su hermano le hubiese engañado. La madre, a su vez, se enojó contra el

---

[52] El cuento no dice quién era la madre, aunque probablemente representaba a la naturaleza.

Hombre Escarcha y lanzó una maldición sobre él:[53] que se mustiase como un bambú desenraizado y cayese enfermo. Poco después, el hermano mayor enfermó de gravedad, pero cuando se arrepintió de su falta y le suplicó a su madre que le perdonase, ella le perdonó, el Hombre Escarcha se curó y todos vivieron ya para siempre en buena armonía.

Otra historia que también trata de una joven y sus dos enamorados data del siglo VIII. Aunque parece haber tenido un fondo naturista, se contaba como si fuese un episodio real del amor humano, y las tres tumbas se las mostraban años más tarde a los viandantes que escuchaban el relato. Así dice la historia:

Vivía en la provincia de Settsu una joven famosa por su hermosura, conocida como la doncella de Unai. Muchos hombres la pretendían, pero ella no atendía a ninguno. Cuando todos los demás hubieron abandonado las esperanzas, dos jóvenes, igual de bellos, continuaron requiriéndola de amores. Ambos jóvenes rivalizaban por el amor de la doncella, tratando de conquistar su corazón visitándola y ofreciéndole riquísimos obsequios. Los padres, decididos a que su hija se casara con uno de los dos jóvenes, pero sin poder determinarse por ninguno, adoptaron una solución: un concurso de arco zanjaría la cuestión. Los enamorados se presentaron el día señalado, provistos de arcos y flechas. La joven y sus padres se dispusieron a contemplar la competición, en la que los dos jóvenes deberían tirar contra un pájaro posado en la superficie de un río que discurría frente a la mansión de la doncella. Ambos dispararon, y las dos flechas tocaron al pájaro, una en la cabeza y la otra en la cola. Por tanto, el asunto quedaba sin resolver.

La joven, torturada por la dificultad de decidirse por uno de los dos enamorados, enloqueció y se arrojó al río. Los dos jóvenes al momento perdieron todo interés por la vida y siguieron el ejemplo de su amada. Así, los tres se unieron en la muerte y fueron

[53] La maldición es ésta: la madre hizo una cesta de bambú, metió dentro unas piedras sacadas de la cuenca de un río, y las mezcló con hojas de bambú y sal. Las palabras de la maldición muestran que las hojas simbolizan el crecimiento y el desecado, en tanto que la sal simboliza el flujo y reflujo de las mareas del mar.

enterrados juntos en la orilla del río, la doncella en medio y los enamorados uno a cada lado.

Antes de exponer ejemplos de las historias y leyendas producidas durante la segunda época romántica, debemos decir algo acerca de los ideales peculiares de aquellos días tan interesantes. Fue la edad de los «galanes-nube» y las «doncellas-flores», de los nobles y las damas elegantes que se movían en medio del ambiente romántico y artificial de la corte Imperial. Fue una época de esteticismo y sentimentalismo en la que se dio rienda suelta a emociones refinadas y cultivadas por la atmósfera enervante de Miyako, la capital imperial. Todos los miembros de esta pintoresca sociedad, hombres o mujeres, eran poetas, sensibles a los encantos de la naturaleza y ansiosos de expresar todas las fases del sentimiento en verso. Su íntimo amor a la naturaleza y a la variedad de emociones del corazón humano quedó expresado por la palabra *awaré*, que significa a la vez «piedad» y «simpatía». Este sentimiento tuvo su origen en el tierno romanticismo de la época, debiéndole mucho a las enseñanzas budistas sobre la unicidad de existencias, a la unidad básica que junta a seres diferentes y que persiste a través de las distintas encarnaciones de un mismo individuo. Esta convicción en la continuidad de la vida, en esta existencia y en otras sucesivas, agudizó la nota sentimental y ensanchó el alcance simpático del *awaré*. No es extraño, por tanto, que el reinado del *awaré* produjese tantos romances de amor, tanto en la vida real como en las historias de aquel período.

No solamente a través de su doctrina metafísica de la unidad existencial y de la continuidad del karma, sino también a través del ideal de la «Vía», el budismo imprimió en los galanes-nubes y las doncellas-flores de la época la sensación de la unicidad de la vida. Según esta enseñanza, los seres, humanos, animales y hasta vegetales, están destinados a alcanzar la perfección final. La base es común, el objetivo es el mismo, y el camino conducente al conocimiento perfecto es uno para todos los seres, sean cuales sean sus diferentes disposiciones y capacidades. Esta fue la enseñanza de la «Vía», y el escrito budista donde más y mejor se exponía fue el *Loto de la verdad*, el «Evangelio según San Juan» del budismo. La obra está repleta de símiles y parábolas, de visiones apocalípticas y de profecías estimulantes, y dio un tremendo impulso al sentimiento romántico de la época: el romanticismo más importante de ese período fue el *Genji Monogatari*, los relatos de las aventuras amorosas del príncipe Genji, y el autor del libro conjuntó las verdades enseñadas en el *Loto* con la singular felicidad y el encanto que impregnan su narración.

Estampado sobre tela que recoge uno de los episodios del *Genji Monogatari*

Los relatos de las aventuras amorosas del príncipe Genji no son notables por los argumentos o las incidencias, pero sí son deliciosas por su afectiva asociación con las bellezas de la naturaleza. Dicho de otro modo: los diversos personajes femeninos que figuran en esos asuntos de amor no sólo quedan ilustrados por las circunstancias de ese amor sino por la sugerida semejanza con ciertas estaciones y lugares físicos. Por ejemplo, la Dama Violeta es una mujer inteligente y vivaracha, a la que el príncipe conoce cuando ella aún es una niña, y su aventura de amor con él se narra en una sucesión de episodios tiernos y días dichosos como una primavera perpetua. Por otra parte, la Dama Malva Real, la esposa legítima del príncipe, es una mujer celosa de temperamento apasionado: su vida es tormentosa, torturada por la infidelidad del esposo, e incluso se ve atacada por el espíritu vengativo de otra mujer celosa[54]. Estos relatos, excelentes representantes del sentimiento de *awaré*, gustaban tanto a los japoneses de la Edad Media, que llegaron a ser los modelos clásicos de las narraciones de amor romántico. Se cantaron repetidamente en verso, se refirieron a ellos en otros libros, se insertaron en dramas líricos, y se describieron en pinturas; y las personas e incidentes de esos relatos alcanzaron tanta realidad en la mentalidad popular que muchos autores trataron esos romances como si fuesen aventuras reales y no ficticias. La popularidad de esos relatos se observa en el hecho de que una serie de símbolos[55] se inventaron para cada capítulo del libro, y para los personajes, circunstancias y ejemplos particulares.

Aparte del *Genji Monogatari*, hay otros libros que representan el mismo carácter y sentimiento, y hasta algunos de éstos rivalizaron en popularidad con el *Genji*. A menudo eran visitados los lugares donde ocurrían tales narraciones, y hasta se decía que a algunas personas se les habían aparecido los amantes románticos, que habían conversado con ellos y habían convertido sus almas, aún inmersas en la pasión del amor, a la religión budista. Desde el siglo XIV se transformaron en dramas líricos esos relatos románticos budistas, y gracias a ellos obtuvieron una más amplia difusión los romances antiguos. Estos dramas, llamados «Utai», no son dramáticos en el sentido moderno del término, sino más bien narraciones líricas de las personas que pasan por tales experiencias, recitadas en una especie de salmodia con acompañamiento de orquesta y coro. En esas representaciones, que se llaman «No», son dos o tres los personajes que aparecen en el escenario; conversan

---

[54] Otras mujeres están tipificadas por sus nombres, tomados especialmente de las flores. Así, hay las damas Glicina, Artemisa, Helecho Joven y Ciruela Rosa, mientras otras tienen nombres como Niebla de la tarde, Cigarra o Pato salvaje de las Nubes. De la Dama Dondiego de noche, hablaremos más adelante.

[55] Los símbolos se componen de varias combinaciones, hasta cincuenta y dos o cincuenta y cuatro, en cinco líneas verticales con una o dos horizontales. Estas pautas simbólicas se usaron originalmente en un juego que discriminaba las diversas variedades del incienso. Cf. *Japanese Art*, del autor.

en recitativos y ejecutan algunas danzas. Los No se parecen en su técnica a las tragedias griegas, pero los asuntos son sentimentales y románticos en vez de trágicos. Estas obras eran representadas ante asambleas de nobles y guerreros, incluso hoy día las patrocinan las clases educadas, y los relatos que interpretan suelen ser bien conocidos del pueblo. Aunque esos relatos no pertenecen al folclore en el sentido real de la palabra, pueden quedar ilustrados aquí puesto que son característicos de la vena sentimental del pueblo.

Primero tenemos el relato de Ono-no-Komachi, el idealizado tipo de mujer bella de la literatura y el folclore japoneses. Era una dama de la corte que vivió en el siglo IX. No sólo su hermosura atraía a su alrededor a muchos «galantes-nubes», sino que era una poetisa de altos vuelos. Después de haber tenido mala suerte con su amor hacia cierto noble, rechazó a todos sus pretendientes, abandonó la corte y vivió una larga existencia como reclusa. Se contaban muchas historias sobre ella, pero la más conocida es la de su aparición al poeta Nari-hira, también protagonista de muchas historias románticas, y su conversación en verso con él.

El relato describe la crueldad de la joven hacia sus enamorados, y lo orgullosa que estaba de su propia belleza, y acaba dictaminando que la soledad de sus últimos años fue el castigo por dicho orgullo. A la desdichada Komachi se la pinta a menudo en cuadros como una anciana desgraciada sentada en una *sotoba*, que es una pieza de madera erigida al lado de una tumba, en memoria del difunto. Es de esa Komachi, sola y olvidada, de la que habla el poema:

Las flores y mi amor

se marchitaron bajo la lluvia,

mientras yo apenas les hacía caso.

¿Dónde está mi amor de ayer?

Así murió; nadie la enterró y su cadáver permaneció expuesto a las inclemencias del tiempo. Unos años más tarde, Narihira, el poeta del amor, pasó una noche en aquel lugar, sin saber que era allí donde había muerto Komachi. De pronto oyó una débil voz entre unos arbustos, que repetía un poema en el que se quejaba de su soledad. Por fin se le apareció Komachi, confesándole a Narihira que estaba arrepentida de su orgullo y sufría mucho por su soledad. A la mañana siguiente, Narihira descubrió una calavera corroída entre las hierbas. «Bueno es meditar», concluye el relato, «en lo transitorio de la belleza física y la vanidad del orgullo.»

El poeta Narihira es uno de los «galanes-nube» del siglo IX, cuya vida fue una sucesión de amores románticos. Existe una colección de narraciones que se atribuyen a su pluma. Uno trata del amor de su niñez, y se llama la historia del Isutsu-izutsu, o «El brocal del pozo».

Narihira tenía una amiguita a la que amaba desde su niñez. A menudo, en sus tiernos años, estaban junto a un pozo y, mientras se inclinaban sobre el brocal del pozo, sonreían y se miraban fijamente a los ojos, sus caras reflejadas en el agua. Cuando Narihira creció se enamoró de otra mujer. Su antiguo amor continuó al lado del pozo, sola; pensaba en los lejanos días y, al recordar los poemas que él había compuesto en el brocal del pozo, también escribió unos versos en los que se retrataba el contraste entre el dichoso pasado y el presente infortunado.

Así es el viejo relato. La obra No «El brocal del pozo» tiene como escenario el antiguo pozo. Un monje itinerante visita el lugar y ve el fantasma de la mujer abandonada por su amante. Ella le cuenta su historia, ejecuta una danza que expresa su desesperación, y se desvanece. El coro canta:

El alma de la difunta, el fantasma de la pobre joven,

sin color como una flor marchita,

las hojas no dejan rastro en el templo subterráneo de Arihara.

El alba se acerca y la campana suena suavemente;

en el crepúsculo matutino sólo hay

las frágiles hojas del bananero[56] agitadas por la brisa de la mañana.

no se oye ningún sonido aparte de la melodía que la brisa toca en las agujas de pino.

El sueño se interrumpe y llega el día.

Volvamos a las famosas historias del príncipe Genji. Fue príncipe de cuna real, tan hermoso y tan gallardo que lo llamaban «el Brillante». Una de sus amantes, la Dama de la Sexta Avenida, fue insultada y atacada por la celosa esposa del poeta, la Dama Malva Real, y cuando la primera murió, su vengativo espíritu no sólo atacó a dicha la Dama Malva Real sino a otras amantes del príncipe. Éste siempre recordó con afecto a la mujer muerta y hasta en cierta ocasión visitó la comarca donde vivía la hija de la difunta.

Una obra No tiene como escenario el sitio de esa visita. Como suele suceder en esos dramas, un monje itinerante visita el lugar una noche de otoño. La pálida luz de la luna plateando el aire, y los insectos revoloteando entre la hierba cantan sus tonadas lastimeras. Allí el fantasma de la desdichada Dama de la Sexta Avenida se aparece al monje, que salva su alma atormentada. El tema de esta obra No consiste en el contraste entre la agonía del fantasma y la serenidad de la noche; pero entre el pueblo es popular porque celebra la apasionada unión de la dama con el príncipe, incluso después de la muerte de aquélla.

Muy semejante en tema y efecto es la obra lírica «Dondiego de noche». Esta es la historia:

El príncipe Genji llevó a una amante llamada Yufugawo, o «Don-

---

[56] El bananero siempre se asocia con la fragilidad y la evanescencia en la literatura japonesa. Véase Cap. VIII.

diego de Noche»[57] a un palacio abandonado de la Sexta Avenida. Durante la noche se apareció a los amantes un fantasma. La pobre Yufugawo se aterró tanto ante aquella aparición que Genji no tardó en hallarla muerta. La soledad del lugar, el espanto de la aparición y los tiernos cuidados prodigados por el príncipe a la aterrorizada joven están tan vívidamente descritos en el *Genji Monogatari*, que el nombre de Yufugawo, y el del palacio, «la villa a la orilla del río», significan desde entonces el trágico final en una historia de amor, o la desdichada separación de dos enamorados a causa de la muerte.

Un drama lírico basado en esta historia tiene como escenario una fiesta de la flor celebrada a principios de otoño y organizada por un monje para el conocimiento espiritual de las flores. Frente al altar budista se dispone un adorno floral y el monje ofrece sus plegarias al espíritu de las flores. Luego, entre éstas el pálido Dondiego de Noche empieza a sonreír, y se aparece la figura de la mujer muerta. Su espíritu desdichado es aquietado y pacificado por el mérito religioso de la fiesta, y ella expresa sus gracias por su salvación, desvaneciéndose entre las flores.

De las numerosas historias de amor del mismo libro, tomaremos una relativa al general Kaoru, el Fragante, hijo del príncipe Genji, ya que el libro prosigue narrando los casos referentes a la segunda generación de esta familia amorosa. Kaoru fue un hombre de tierno corazón, pero más sosegado y reservado que su padre, y los relatos en los que aparece son en conjunto menos alegres que aquéllos en que su padre es el protagonista.

Kaoru amaba a una princesa llamada Ukifune, que significa «La Barca Flotante». La joven vivía en el país con su padre ermitaño, sin tomar parte en la vida social de Miyako. A menudo, Kaoru visitaba a la princesa en su solitario hogar, cuyo retiro encontraba muy grato, pero las circunstancias le impidieron visitarla con la misma frecuencia de antes, y la pobre princesa ni siquiera se atrevió a escribir a Miyako. Poco después, cosa natural, la princesa empezó a sospechar que Kaoru le era infiel, y otro príncipe, de nombre Niou, «el Perfumado», rival de Kaoru, aprovechó aquella oportunidad

---

[57] *El* nombre castellano del dondiego carece de las características femeninas atribuidas al personaje (N. del T.). Sus pálidas flores, que florecen durante el crepúsculo vespertino, sugieren la soledad y la melancolía, simbolizando el pozo el temperamento y el destino trágico de la desdichada joven.

para alentar tales sospechas. Con el corazón oprimido, la joven salía a pasear por la orilla del río, cerca de su casa. Su nombre, «Barca Flotante» le sugería lo efímero de la vida y lo vano de todas las esperanzas, y la corriente del río, crecida por las lluvias, parecía llamarla. Un día, se arrojó al agua, pero fue salvada por un monje que casualmente pasaba por allí. Unos días más tarde ella se hizo monja y pasó el resto de su existencia en un convento. Tal es la melancólica historia, y su suave patetismo encanta fuertemente a las mentalidades japonesas.

Capítulo VI

RELATOS HEROICOS

En todos los pueblos las hazañas de sus héroes primitivos adoptan inevitablemente un carácter mítico o semimítico, y si el héroe vivió en un pasado muy remoto su fama se ve afectada por este proceso mitopoético hasta tal punto que resulta difícil separar los hechos históricos de los adornos legendarios. Todavía hay otra clase de héroes cuya existencia real no se puede establecer, pero cuyas proezas legendarias forman ya tanta parte de la tradición popular que se piensa en ellos como personas tan reales, como aquéllos cuyas acciones son incuestionablemente auténticas. En una breve ojeada a las narraciones heroicas de los japoneses veremos ilustraciones de los dos tipos.

Un héroe muy famoso de la antigua mitología fue Susa-no-wo[58], el dios Tormenta, el cual, como ya sabemos, venció al dragón de ocho cabezas y salvó a una joven de ser sacrificada a aquel monstruo. Historias semejantes se cuentan de sus hijos, los cuales, al parecer, subyugaron a varios «dioses» que encontraron en sus dominios, la actual provincia de Izumo. Pero no necesitamos demorarnos en estas historias que son puramente míticas, pues las narraciones estrictamente heroicas empiezan con el valiente Yamato-Takeru.

Este príncipe, hijo de un emperador, vivió en el siglo II de esta era. Fue enviado en una expedición hacia las desobedientes tribus del Oeste para vengar las atrocidades cometidas contra sus hermanos. En cierta ocasión, disfrazado de mujer, logró ser admitido en la mansión de un jefe, y su disfraz era tan ingenioso que el enemigo no sospechó la verdad. El jefe se emborrachó en un

---

[58] Actualmente escrito en carácteres latinos como "Susanoo". En este caso mantendremos, no obstante, la escritura del texto original.

festín que dio en honor de la supuesta dama, y el Príncipe le apuñaló, dominando a toda la tribu. Acto seguido, el moribundo jefe le dio a Yamato el título de «Guerrero heroico del Japón», admirado por el valor y la sutileza del príncipe[59].

Tras su triunfal retorno, el príncipe fue enviado a las provincias orientales, donde también quedaron dominados los aborígenes ainu. De camino, oró ante la sagrada capilla de Atsuta, donde estaba depositada la espada que Susa-no-wo arrancó del dragón de ocho cabezas al que había dado muerte. Yamato, pues, cogió la espada milagrosa y fue esta arma la que le salvó de todo peligro entre los ainu. Estos bárbaros pretendieron lograr la rendición del príncipe, invitándole a una cacería por la vasta pradera, pero mientras el príncipe se hallaba en medio del yermo, prendieron fuego a la maleza. El héroe cortó los hierbajos que le rodeaban con la espada, y después de escapar ileso del incendio venció a los bárbaros. Desde entonces, a la espada milagrosa se la conoce con el nombre de Kusa-nagi, «la Podadera».

Otra vez, durante la misma expedición, la barca del príncipe se vio terriblemente zarandeada por una fortísima tormenta. Sabiendo que la misma se debía a la cólera de los dioses contra el poseedor de la espada que les había sido arrebatada, y que no se calmaría la tempestad sin un sacrificio humano, la consorte del príncipe se arrojó al agua. Al momento, la embarcación pudo cruzar el océano ya en calma.

Tras diversas aventuras, el príncipe regresó a Atsuta. Allí se enteró de que un espíritu maligno se había rebelado en una montaña no lejos del lugar, y el príncipe allí se dirigió para dominar también al espíritu Sin embargo, ésta fue la última de sus aventuras, ya que cayó enfermo de las fiebres que el espíritu malvado llevaba consigo. El príncipe todavía volvió a Atsuta pero ya no se recuperó de la enfermedad. Cuando murió y fue debidamente enterrado, un pájaro blanco surgió del túmulo. Entonces, levantaron otro en el sitio por el que el pájaro había desaparecido. Pero de nuevo el pájaro salió del segundo túmulo, por lo que fue erigido un tercero, de modo que hay tres sitios, en cada uno

---

[59] Obsérvese que la historia tiene semejanzas con la de Susa-no-wo.

Susanowo, el dios del Mar y las Tormentas, luchando contra un dragón marino

de los cuales se dice que reposa el príncipe.[60] La metamorfosis de éste en pájaro puede interpretarse de varias maneras, pero aquí no hay espacio para estudiarlas.

Después de Yamato-Takeru viene la emperatriz Jingo, que dominó al principado de Corea en el siglo III. Emprendió la acción obedeciendo al oráculo de una deidad, y el viaje se efectuó con la ayuda de dos joyas que le ofrecieron los Dioses del Mar. Una de dichas joyas poseía la milagrosa virtud de elevar el nivel de las aguas del mar, y la otra la de bajarlas. Gracias a estos tesoros, la emperatriz pudo controlar las mareas y llevar a salvo sus tropas a tierra firme.

Sea cual sea el origen histórico de esta leyenda, la protagonista, junto con su hijo[61], nacido al regreso de aquella

---

[60]El intento de un moderno erudito japonés por convertir al príncipe en un redentor profético fue un verdadero fracaso. Nos referimos al mismo para demostrar la importancia que los japoneses conceden a estas primitivas leyendas.
[61] Está deificado y se le conoce como Hachiman, el dios de las Ocho Banderas. Más tarde llegó a ser el patrón del clan Minamoto.

expedición, y su anciano consejero, forman un célebre trío de héroes. Sus imágenes suelen ser llevadas en procesión durante la fiesta anual de las muñecas para niños, y se invoca su ayuda a fin de que los jóvenes puedan convertirse en héroes y llevar a cabo victoriosas proezas.

En el siglo XI se inició la época heroica del Japón, caracterizada por el auge de la clase guerrera. El clan que desempeñó el papel principal en la historia de aquellos tiempos fue el Minamoto, y entre los primeros héroes de dicho clan, Yoshi-iye es el más popular. Yoshi-iye celebró la ceremonia que señalaba su mayoría de edad ante el santuario dedicado a Hachiman, el hijo de Jingo, y en tiempos posteriores estos dos héroes fueron reverenciados como los patronos y protectores del clan Minamoto y, por consiguiente, como guerreros en general.

El animal íntimamente asociado con el dios-héroe, Hachiman, dios de los Ocho Estandartes, era la tórtola, y los Minamoto siempre consideraron la aparición de las tórtolas por encima de los campos de batalla como un buen augurio. Las hazañas de Yoshi-iye están asociadas a sus expediciones militares al nordeste del Japón, y ya se hizo referencia a las leyendas locales que le conciernen.

El más popular y famoso de los primeros generales del clan Minamoto es Raiko, más apropiadamente Yorimitsu[62]. Siempre iba rodeado por cuatro valientes tenientes,[63] y se cuentan diversas leyendas de cada uno de ellos. La aventura más conocida es la expedición contra un grupo de seres diabólicos, cuyo cabecilla era Shuten Doji, o «Joven Beodo», cuya fortaleza se hallaba en el monte Oye-yama.

El Beodo era una especie de ogro que se alimentaba de sangre humana. Tenía una cara juvenil, pero el tamaño de un

---

[62] Figura histórica real, que fue alcanzando cualidades mitológicas. Por fechas y similitudes en la biografía, se puede comparar al Cid castellano. (N. del T.)

[63] El número "cuatro" en éste y otros casos semejantes está sacado de los cuatro reyes guardianes de la mitología budista.

gigante, y vestía ropas escarlatas. Sus vasallos eran también seres diabólicos, de aspecto sumamente repulsivo. Sus correrías en busca de pillajes y desmanes de todas clases no tardaron en propagarse por la vecindad de su morada, llegando a la capital, y muchas nobles damas fueron sus víctimas, por lo que el gobierno le ordenó a Raiko que venciera a tales demonios. Tsuna, uno de los cuatro tenientes de Raiko, ya había dominado a un enorme ogro, cortándole un brazo, por lo que cabía esperar que el Beodo no fuese tampoco invencible, a pesar de que para Raiko y sus tenientes no fuese fácil abrirse paso hacia la residencia fortificada del ogro.

Raiko decidió disfrazar a sus hombres como un grupo de sacerdotes de montaña, como los que solían vagar por aquella región. De esta manera, el grupo fue admitido dentro de la fortaleza del Beodo, hasta la que fueron guiados por un hombre misterioso, que también le entregó a Raiko cierta cantidad de una bebida mágica, con la que envenenar al ogro.

Éste recibió a sus huéspedes sin sospechar nada, y al llegar la noche, los supuestos frailes le ofrecieron al Beodo y a sus servidores la bebida ponzoñosa, divirtiéndoles cantando y bailando alegremente. Cuando los ogros estuvieron bastante atontados, los guerreros se despojaron de sus disfraces, apareciendo con armaduras y cascos, y tras una ardua lucha consiguieron matar al ogro y a sus seguidores.

El espíritu del Beodo tembló de furor tras la muerte de su cuerpo, y su cabeza, cortada por Raiko, se elevó por el aire y trató de atacarle. Pero los héroes, gracias a su valor y a la ayuda divina, no tardaron en adueñarse de la situación. La ciudad de Miyako se estremeció de júbilo cuando el victorioso Raiko, con sus cuatro tenientes, regresó mostrando la cabeza del monstruo y encabezando una procesión de mujeres a las que habían librado de su cautiverio en la fortaleza del ogro.

Los alternativos ascenso y descenso de los dos clanes militares, Minamoto y Taira, que tuvieron lugar en rápida sucesión durante la segunda mitad del siglo XII, fue un rico venero de relatos heroicos. A los dos clanes se les llamaba colectivamente Gen-Pei,[64] y su rivalidad, sus victorias y sus derrotas constituyen la sustancia de poesías, novelas y dramas. Uno de los héroes épicos más populares es Tamemoto, el famoso arquero, si bien aún son más conocidos Yoshitsune, su amigo y servidor Benkei, y su amante, Shizuka.

Entenderemos mejor sus historias si sabemos algo de sus antecedentes históricos. Los dos clanes militares llegaron a ser influyentes en el campo político a través de la guerra civil de 1157, aunque hacía ya tiempo que estaba preparado el camino para ellos. De todos modos, el equilibrio del poder entre ambos clanes no estaba preservado fácilmente, y cuando en 1159 estalló otra guerra civil, los Minamoto fueron completamente derrotados por los Taira. En la guerra de 1157 cada bando fue equitativamente dividido en dos campos contendientes. Tamemoto estuvo en el lado perdedor, y uno de sus hermanos peleó en el otro, y en la pasión del momento se atrevió incluso a ejecutar a su padre. Tamemoto, del que hablaremos más adelante, se exilió a una isla del Pacífico. En la segunda guerra, los Tairas vencieron a los Minamoto, y el jefe de éstos, hermano de Tamemoto, murió en una de las batallas. Dejó tres hijos, a los que los vencedores estuvieron a punto de matar, si bien al final les perdonaron la vida. Este acto compasivo produjo unos frutos desdichados para los Taira, puesto que los tres jóvenes perdonados los derrotaron treinta años más tarde. En aquel tiempo, el mayor de los tres huérfanos era el jefe del clan Minamoto, pero el guerrero más famoso fue Yoshitsune, el menor de los tres hermanos y el más popular de todos los héroes japoneses.

Por su parte, Tamemoto, el infeliz tío de Yoshitsune, fue famoso como arquero, incluso en su niñez. Descontento con las condiciones de Miyako, donde la oligarquía Fujiwara oprimía a los militares, Tamemoto huyó de la capital y se marchó al Oeste, cuando tenía sólo catorce años. Allí, sus aventuras entre los guerreros locales le convirtieron en un héroe temido y en el cabecilla de otros jefes

---

[64] *Gen* es la pronunciación sino-japonesa del ideograma chino usado para designar el nombre Minamoto, mientras que *Hei* o *Pei* junto con *Gen* era el nombre Taira. Los dos relatos épicos son el *Hei-ke-Monogatari* y el *Gem-Pei-Seisui-ki*, una versión ampliada del primero. Véase sobre estos dos conflictos, *Saito Musashibo Benkei*, de Benneville.

menos famosos. Cuando en 1157 estalló la guerra en Miyako, Tamemoto regresó para combatir al lado de su familia. Pero su clan fue derrotado, su padre resultó muerto y él volvió al exilio.

Sin embargo, su ánimo aventurero no decayó. Dominó a los habitantes de la isla a la que se había desterrado y los gobernó en calidad de rey. De esto se enteró el gobierno del Japón y envió una expedición a la isla. Cuando Tamemoto vio aproximarse la flota, cogió su más potente ballesta y con una flecha tocó a uno de los barcos, horadando uno de los costados con lo que la nave zozobró. El maravilloso arquero hubiese podido hundir a los restantes barcos de la misma manera, pero vaciló en hacerlo e incluso en defenderse con la ayuda de los isleños, porque ello significaba la muerte de más hombres por su culpa. Por tanto, se retiró al interior de la isla y allí se suicidó.

Esta es la antigua leyenda, pero la imaginación popular nunca quedó satisfecha con este final, deseando que el héroe viviese para poder realizar más hazañas. La tradición, de este modo, hace que Tamemoto no muriese, sino que huyese de la isla para correr otras maravillosas aventuras. Tomando esto como base, un escritor del siglo XIX quiso contar la vida posterior del héroe, y cómo llegó a las islas Loochoo y fundó allí una dinastía real. Esta fantasía, junto con las proezas ficticias que el escritor le adjudicó a su héroe, llegó a ser tan popular, que en la actualidad son muchos los que creen en la realidad de tales relatos, y llaman a Tamemoto el primer rey de las islas Loochoo.

El segundo héroe famoso es Yoshitsune, que tuvo un hijo llamado Ushiwaka. En la segunda guerra civil, salvó la vida casi por milagro, junto con su esposa, huyendo de allí, y la leyenda dice que a él y a sus hermanos el jefe de los vencedores Taira les perdonó la vida por amor a su madre. El menor de los tres hermanos fue enviado a un monasterio de Kurama, una montaña al norte de Miyako, donde vivió como paje del abad, con el nombre de Ushiwaka Maru.

El pequeño Ushiwaka, hasta en su niñez, siempre proyectó vengar la derrota de su familia a manos de los Taira. Considerando que la primera virtud de un buen guerrero era ser un buen espadachín, el muchacho iba cada noche, cuando todos dormían, al bosque contiguo al monasterio, donde practicaba sin descanso con una espada de madera contra los árboles. La dictadura tiránica del clan Taira ya estaba provocando una revuelta popular y, según la leyenda, los sobrenaturales tengus simpatizaban con el espíritu de la rebelión. El genio del monte Kurama era uno de ellos, un jefe tengu llamado Sojo-bo. Una noche, Sojo-bo se le apareció a Ushiwaka para ofrecerle su ayuda, simpatizando con su entusiasmo por la venganza.

Imaginemos la escena. En la negrura de la noche, entre las montañas, nada se oía. De repente, el gigantesco monstruo tengu estaba frente al niño armado con su espada de madera. Los furiosos ojos del tengu relucían en la oscuridad del bosque, sus ropas eran de color escarlata, y en la mano derecha llevaba el abanico tengu.[65] El gigantesco tengu le preguntó al niño por qué se ejercitaba continuamente en el uso de la espada. Ushiwaka le confesó su ardiente deseo de vengarse, y el tengu, aprobando esta ambición, prometió enseñarle algunos secretos del arte de la esgrima e instruirle en las tácticas y la estrategia militares. Entonces, Sojo-bo convocó a sus servidores, los tengus voladores, y les ordenó darle a Ushiwaka el beneficio de su experiencia y la habilidad para perfeccionar su condición de espadachín.

A continuación, Ushiwaka se reunía todas las noches con los tengus, y muy pronto fue tan diestro en el manejo de la espada que aquéllos ya no pudieron rivalizar con él. Finalmente, Sojo-bo, orgulloso de los progresos del muchacho, le enseñó todos los secretos del arte militar y le entregó un rollo en el que estaban escritos dichos secretos. De este modo Ushiwaka se graduó en la ciencia militar en la academia boscosa de los tengus, y se cree que todos sus triunfos militares de los años posteriores fueron el resultado de la celosa instrucción de Sojo-bo.

Ushiwaka no era tan ingenuo como para pensar que sus proezas, sin una ayuda, lograrían llevar a buen término sus proyectos, por lo que le rezaba regularmente a Kwannon, la diosa de la misericordia, para que le otorgara su constante guía y protección. A este fin, visitaba todas las noches un templo de la diosa llamado el

[65] Para el aspecto de los tengus, véase Cap. IV.

Kiyomizu Kwannon, en la parte sudeste de Miyako. De camino tenía que atravesar el puente de Cojo, el puente de la Quinta Avenida, que cruzaba el río Kamo, el Amo de la Florencia japonesa, y la apariencia nocturna del misterioso joven, con su rostro oculto por un tenue velo de seda, pronto fue tema de chismorreos entre la gente de Miyako.

Por aquel entonces había un monje soldado llamado Benkei, que había pertenecido al monasterio del monte Hiei, pero que ahora residía en Miyako buscando alguna aventura excitante. Benkei oyó hablar del joven misterioso y decidió averiguar si se trataba de un ser humano o de una aparición sobrenatural. Para ello, Benkei se pertrechó con varias armas: espadas, una varilla de hierro, una sierra, etcétera, y se vistió con sus ropas monásticas y el inevitable capuchón.

Estando al acecho del muchacho misterioso, oyó el sonido de las botas laqueadas del joven sobre las planchas del puente. Se iban aproximando cada vez más hasta que al llegar a la mitad del puente, el gigantesco monje se dejó ver, gritando:

—¡Alto, muchacho! ¿Quién eres?

Ushiwaka no hizo caso de estas palabras. El valeroso Benkei intentó detenerle, pero el muchacho siguió adelante sin mirar siquiera al monje. Esto enojó tanto a Benkei que lanzó una estocada contra Ushiwaka, que éste paró con un golpe que arrancó el arma de la mano del monje. Comprendiendo que debía luchar ferozmente contra aquel ducho adversario, Benkei sacó la varilla de hierro, pero el muchacho dio un tremendo salto y esquivó el poderoso golpe. Para empeorar el asunto, se echó a reír burlonamente ante las narices del monje, el cual lanzaba golpe tras golpe contra su esquivo oponente... todos en vano. El jovencito saleaba alrededor, por encima y por detrás de Benkei como si fuese un pájaro. El largo entrenamiento de Ushikawa con los tengus estaba probando su valía, y al final Benkei se vio obligado a arrodillarse delante de aquel misterioso muchacho y pedirle perdón[66]. A partir de entonces, Benkei fue un fiel servidor de Ushiwaka y peleó a su lado en todas sus batallas, hasta que murió para salvar la vida a su amo.

---

[66] Observar el motivo Christophorus, tan común en el folclore.

Hay

El duelo entre Ushikawa y Benkei sobre el puente Gojo es una de las leyendas más conocidas y representadas por los artistas japoneses
(tríptico de Yoshitoshi, 1868)

muchos relatos acerca de las hazañas bélicas de Yoshitsune, como acabaron llamando a Ushiwaka, y de su fiel amigo Benkei. Juntos lograron grandes victorias contra los Taira, y juntos fueron desterrados cuando Yoshitsune padeció por los celos y las sospechas de su hermano mayor. Estas leyendas, especialmente la de la última y desesperada pelea, y de los últimos momentos de Benkei, cuando murió frente a las flechas arrojadas por sus triunfantes enemigos, se cuentan aún hoy día con admiración y entusiasmo.[67] Pero son demasiado largas y numerosas para ser contadas aquí, por lo que sólo nos referiremos a un episodio de la heroica vida de Yoshitsune.

Tras su brillante victoria que quebrantó el poder del clan Tiara, Yoshitsune se quedó en Miyako, la capital imperial, pero pronto se enemistó con su hermano mayor, el dictador militar. El cabecilla del clan Minamoto envidiaba la fama de su hermano menor, y había muchos cortesanos ansiosos de inflamar más sus sospechas y sus celos. Por fin, el dictador desterró a Yoshitsune, el cual fue arrojado fuera de Miyako por un ataque sorpresa. Entonces se refugió en Yoshino, un lugar famoso por la belleza de sus cerezos. Allí se vio obligado a empuñar las armas contra los traicioneros monjes a los que los emisarios de su hermano habían levantado en su contra.

Durante todo ese tiempo estuvo acompañado por Benkei y otros fieles servidores, así como por su amante Shizuka. Cuando fue desterrado de Miyako, uno de sus tenientes murió por él. Era tan enorme el peligro que corría que tuvo que disfrazarse de fraile montañés y marcharse sólo con dos o tres de sus seguidores. La lastimosa situación del héroe, su pesar por la muerte de su servidor y su triste separación de su amada, son los temas favoritos de sus leyendas.

La trágica historia del destierro de Yoshitsune pone un patético final a su brillante carrera. A partir de entonces, su vida fue una sucesión de infortunios y dificultades, hasta que por fin halló la muerte en una derrota,[68] aunque siempre conservó su nobleza y su

---

[67] Las versiones dramatizadas de algunos de estos relatos son accesibles, con traducción inglesa de G. B. Samson, en las obras No: **"Benkei** en la Barrera" y "Benkei en la barca", en *TASJ*, xl, 1912.

[68] Como su tío, Tametono, según algunas tradiciones, se marchó a Yeso, *y* hasta el continente asiático, donde llegó a ser el Gengis Khan.

valor, pues la cualidad heroica del hombre no es menos noble bajo la adversidad que en el triunfo. Ningún otro héroe del Japón, histórico o imaginario, es tan popular como Yoshitsune, y ningún otro tuvo una carrera tan llena de hazañas hermosas y románticas, ni desdichas tan turbadoras o vicisitudes tan emocionantes.

Los cuatro siglos que siguieron al II fueron testigos del auge del régimen feudal. La guerra entre los clanes fue constante y todo el período está lleno de romances heroicos. Casi todos los relatos se basan con demasiada firmeza en hechos históricos para ser tratados en un libro dedicado a la mitología. Pero aquella época produjo muchas historias de hazañas heroicas totalmente imaginarias e incluso fantásticas, pero que, no obstante, reflejan perfectamente el espíritu de los tiempos.

El principal tema de tales historias son las aventuras y la venganza. De la primera clase, la historia de la expedición de Raiko contra el ogro Beodo, que ya narramos, es la más típica. Una de las primitivas y más famosas historias cuyo tema es la venganza la proporciona el «Soga». Trata de la historia de dos huérfanos que consiguieron, frente a innumerables dificultades, matar al asesino de su padre. Este episodio es histórico. Ocurrió en la segunda mitad del siglo XII y conmovió tanto a la imaginación del pueblo, que la historia forma parte del folclore japonés[69].

Es un relato demasiado auténtico para tener cabida aquí, pero a nuestro saber y entender, hay muy pocos relatos románticos de ese período que sean puramente imaginativos.

La más popular es la historia de Momotaro, o el «Melocotonero».[70] Es tan popular hoy día que los folcloristas

---

[69] El primer bosquejo del relato es el Soga-Monogatari, probablemente de la primera mitad del siglo XIII. Existen diversas versiones dramatizadas de los siglos XIV y siguientes. Una circunstancia que aumentó la popularidad de la historia fue que la venganza termina durante una cacería organizada por Yorimoto al pie del monte Fuji.

[70] Se observa en esta historia un rastro del relato sobre la expedición de Rama a Ceilán. Esta historia se conoció a través de libros budistas, aunque de no gran circulación.

japoneses proyectan erigir una estatua de bronce a la memoria del ficticio héroe juvenil, lodos los niños japoneses conocen bien esta historia. Dice así:

Érase una vez un matrimonio de ancianos que vivía cerca de las montañas. Un día, cuando la esposa lavaba unas ropas en un arroyuelo, vio que se acercaba flotando por el agua un gran melocotón. La vieja cogió el fruto y se lo llevó a su marido, y cuando éste lo abrió surgió un robusto jovencito. La pareja adoptó al chiquillo, el cual creció hasta convertirse en un muchacho inteligente e inquieto. Poco después decidió salir en busca de alguna aventura emocionante, yendo a visitar la Isla de los Diablos. Su madre le confeccionó unos buñuelos dulces y Momotaro partió solo con estas provisiones. Por el camino encontró a un perro, el cual le pidió uno de sus buñuelos. Momotaro se lo dio y el perro empezó a seguirle. Luego, de la misma manera, la compañía de Momotaro aumentó con un mono y un faisán, y todos juntos zarparon hacia la Isla de los Diablos. A su llegada atacaron la fortaleza de los diablos, no resultándole difícil dominar a aquellos monstruos. Así, regresaron con los tesoros arrebatados a los diablos. El viejo matrimonio recibió al joven jubilosamente, y los animales amigos de Momotaro bailaron ante ellos.

Un cuento heroico asociado a las hadas del mar es el de Tawara Toda, «el guerrero Toda del saco de arroz», que vivió en el siglo XI. Una noche, cuando Toda atravesaba el famoso puente de Seta sobre el desagüe del lago Biwa, divisó a una monstruosa serpiente tumbada en el puente. El héroe pasó junto a ella con calma y compostura, como si aquello no fuese nada extraordinario. Aquella misma noche, más tarde, una joven fue a casa de Toda. Le explicó que era hija del Rey Dragón, y que le admiraba por el frío valor demostrado en el puente de Seta, ya que al parecer la enorme serpiente había sido la misma joven bajo otra forma. Después, le preguntó al héroe si quería tratar de vencer a un terrible ciempiés que estaba matando a muchos de sus congéneres.

Toda, dispuesto a cumplir el deseo de la joven, salió hacia el puente. Mientras aguardaba al monstruo vio el faro que daba vueltas en torno al monte Mikanii, al otro lado del lago, y asimismo avistó dos centelleantes luces semejantes a unos espejos ardientes. Eran los ojos del terrible ciempiés. Toda disparó dos flechas contra aquellos ojos llameantes, pero las flechas rebotaron como si hubiesen chocado contra unas planchas metálicas. Entonces Toda, comprendiendo que la saliva era un veneno fatal para un ciempiés, disparó una tercera flecha empapada en su saliva. El monstruo cayó sin vida, y los dragones quedaron a salvo del temido exterminio de toda su raza.

A la noche siguiente, la dama dragón visitó a Toda de nuevo para agradecer su valiente ayuda en aquella coyuntura. Luego le rogó que la honrase, a ella y a todos los suyos, visitando su palacio, Toda la siguió hasta el palacio submarino, en las profundidades del lago, donde le ofrecieron todos los más deliciosos manjares que puede dar el agua. Antes de abandonar el palacio, el Rey Dragón le entregó tres obsequios: un saco de arroz que resultó ser, como la copa de la Fortuna, inagotable; un rollo de seda que le proporcionó unas telas de eterna duración; y una campana procedente de la India, que desde hacía largo tiempo estaba escondida en el fondo del lago.

Toda dedicó la campana a un templo erigido a orillas del lago y guardó los otros dos tesoros, que le ayudaron provechosamente en sus posteriores aventuras. Precisamente, por su posesión del inagotable saco de arroz, el pueblo siempre ha llamado a Tawara Toda, «el Señor Toda del saco de arroz».

Capítulo VII

HISTORIAS DE ANIMALES

El animismo sintoísta todavía es una fuerza vital entre el pueblo japonés. Como ya vimos, la mitología japonesa basó su concepto de las cosas en la creencia de que todo lo animado y lo inanimado tiene un alma, con actividades más o menos análogas a las del alma humana. Esta creencia no es demasiado firme hoy día, pero durante el período en que se originaron los mitos y las leyendas la imaginación popular estuvo llena de una imaginería animista. No sólo se suponía que los animales y las plantas podían pensar y obrar al estilo del hombre y la mujer, sino que sus metamorfosis en otras formas de vida o en seres humanos constituían el tema principal de sus tradiciones.

El budismo alentó esta concepción animista de la naturaleza con las enseñanzas de la transmigración. La humanidad es, según esa doctrina, sólo una de las múltiples fases de la existencia que incluye a los seres celestiales, a los animales, a las plantas e incluso a los duendes y los demonios. Los animales, por supuesto, son menos autoconscientes que la humanidad, y las plantas todavía son menos móviles e inteligentes, pero sus vidas pueden pasar a los seres humanos y a otras formas de existencia. Filosóficamente hablando, la doctrina budista no es sólo animista, sino que, dentro de la mente popular, llega a una elaboración y extensión muy grandes del original animismo sintoísta. Por esto, los relatos ingenuos sobre animales y plantas, que proceden de los tiempos más remotos, han sido a menudo enriquecidos con signos de piedad y simpatía, o con tristes reflexiones sobre las miserias de la existencia en general, que muestran claramente la influencia de las enseñanzas budistas. Como un amigo muy querido, después de su muerte, puede nacer otra vez metamorfoseado en animal o planta, y como uno mismo puede haber pasado también por una de estas fases de transmigración, no es posible considerar otras existencias como extrañas o remotas, sino relacionadas de una forma u otra con nosotros mismos, bien por un parentesco en el pasado o en el futuro. Estas reflexiones y sentimientos determinaron pronto la actitud del pueblo hacia los demás seres, estimuló la propensión mitopoética de su imaginación, y ahondó su interés por los seres de quienes se contaban tales relatos.

A menudo, es la odisea astucia de algún animal o una divertida peculiaridad de su conducta lo que constituye la base del cuento animal. También hay muchas historias sobre animales que muestran una gratitud o un afecto especial a los seres humanos, y usualmente reflejan la interdependencia mutua de todas las existencias y el especial énfasis puesto por el budismo y el confucianismo en la virtud de la gratitud. Naturalmente, estas fábulas, pues esto son, en efecto, tienen frecuentemente un propósito didáctico o moral, y de algunos hablaremos al referirnos a los cuentos didácticos tan queridos del folclore japonés.

Tal vez la más antigua de las historias de animales sea la de «La Liebre Blanca de Inaba», contada en relación con las aventuras de Oh-kuni-nushi, el héroe de la tribu Izumo.

En otros tiempos vivía en la isla de Oki una liebre blanca. Esta liebre quiso un día cruzar las aguas y llegar al continente. Para ello le preguntó a un cocodrilo si tenía tantos parientes como tenía ella, y luego fingió creer que el cocodrilo superaba las dimensiones de su familia. Acto seguido le pidió al cocodrilo que llamase a cada uno de los miembros de su tribu y los obligase a tenderse sobre la superficie del mar, formando una larga fila.

—De este modo pasaré por encima de vosotros e iré contando cuántos cocodrilos hay en el mundo —explicó la liebre.

Los cocodrilos accedieron a esta proposición y formaron una larga fila desde Oki al continente; la liebre fue saltando de uno en otro hasta que al fin estuvo cerca de la costa. Orgullosa del éxito de su estratagema, la astuta liebre se echó a reír ante la facilidad con que había engañado a los estúpidos cocodrilos. Pero se burló demasiado pronto, ya que el último cocodrilo la cogió, la despellejó y la hundió en el agua. Y así, la desdichada liebre tuvo que llegar a la costa desnuda y muerta de frío.

En Izumo había una familia compuesta de muchos hermanos. Y

todos ellos ansiaban lograr el amor de una princesa que vivía en Inaba. Por eso se dirigieron a Inaba para sitiar el corazón de la joven, pero los hermanos mayores se mostraron crueles con el menor, Oh-kuni-nushi, obligándole a acarrear todo el equipaje. De modo que el pobre hermano fue siguiendo a los otros con mucho retraso. Mientras andaban por la costa, los hermanos mayores vieron a la liebre y, en vez de simpatizar con el dolor del pobre animal, la engañaron haciéndole creer que podían aliviar su pesar sumergiéndola en el agua y luego exponiendo su empapado cuerpo al viento y el sol.

Cuando la liebre siguió el malvado consejo, su piel se agrietó y sangró, padeciendo un dolor intolerable. Fue entonces cuando llegó Oh-kuni-nushi, el cual se compadeció de la liebre y le aconsejó que se lavase con agua fresca y cubriera su cuerpo con el suave polen de la planta cola de gato. La liebre le quedó muy agradecida al muchacho, y le dijo: «Ninguno de tus crueles hermanos se casará con la princesa de Inaba. Sólo tú conquistarás su corazón».

Las palabras de la liebre tuvieron fiel cumplimiento. Oh-kuni-nushi se casó con la princesa y llegó a ser el rey de Izumo, y cuando después de su muerte erigieron una capilla en su memoria y la de su esposa, la Liebre Blanca de Inaba compartió con ellos tan gran honor.

I. ANIMALES AGRADECIDOS

El más popular de los animales agradecidos en el folclore japonés es el gorrión.

Érase una vez una anciana de buen corazón que vio un gorrión con las alas tan lastimadas que no podía volar. Recogió al pájaro, lo metió en una jaula y lo cuidó hasta que recobró las fuerzas. Cuando el gorrión se sintió bien, la mujer le dejó salir de la jaula y el pájaro echó a volar con gran deleite. Unos días más tarde, estando la anciana sentada en la veranda de su casa, el mismo gorrión apareció volando y soltó una semilla como para expresar su gratitud. Era una semilla de calabaza, y cuando la vieja la plantó desarrolló una gran calabacera con muchos y hermosos frutos. La mujer las cosechó y de las mismas extrajo una gran cantidad de deliciosa pulpa. Además, conservó las calabazas secas, que milagrosamente le produjeron una inagotable provisión de arroz. Así, la anciana pudo dar de comer a sus menos afortunados vecinos gracias a la gratitud y generosidad del pequeño gorrión.

Otra mujer vivía en la casa contigua, pero era envidiosa y maliciosa. Y como estaba enterada de la suerte de su vecina la envidiaba con todo su corazón. Pensando, no obstante, que podría obtener la misma riqueza inagotable de cualquier gorrión, abatió uno y lo cuidó como hiciera antes su vecina. Luego, también soltó al pájaro una vez repuesto de sus heridas. Unos días más tarde, el gorrión volvió y le dejó una semilla de calabaza. La mujer la sembró y la planta sólo produjo unas cuanta calabazas, pero la pulpa era tan amarga que ni siquiera la avariciosa mujer pudo comérsela. Pero conservó las calabazas secas esperando obtener grandes cantidades de arroz. Y como las calabazas pesaban tanto como peñascos, la mujer pensó que conseguiría más arroz que su vecina. Pero cuando las abrió no había en ellas arroz sino avispas, ciempiés, escorpiones, serpientes y otros bichos, que picaron a la mujer hasta causarle la muerte por envenenamiento.

Otra versión de la misma historia se conoce como el cuento de «El Gorrión de la Lengua cortada». Ésta es más popular que la anterior, aunque aquélla sea probablemente la original. Érase una mujer avara y cruel, que castigó a un gorrión, por haberse comido un poco de su almidón, cortándole la lengua. Su vecina, mujer de buen corazón, cuidó al pobre pájaro, y éste pudo volar una vez sanada su herida. De vez en cuando, la amable mujer y su esposo visitaban la casita que el gorrión había construido con bambúes. El gorrión y sus compañeros recibían alegremente a la pareja de ancianos, acogiéndolos hospitalariamente. Les ofrecían comida y bebida deliciosas e interpretaban para ellos la famosa danza del gorrión.[71] Una de aquellas veces, cuando el matrimonio se despedía, los gorriones les entregaron dos cofrecitos, uno grande y otro más pequeño. El buen viejo exclamó: «Ya somos ancianos y no podemos transportar un cofre tan grande como éste, de modo que nos contentaremos con el pequeño». Al llegar a su casa abrieron el cofrecito y del mismo salió una interminable sucesión de objetos muy valiosos.

Pero la mujer que había cortado la lengua del gorrión sintió envidia de sus afortunados vecinos, por lo que preguntó dónde tenía su vivienda el gorrión y fue a visitarle, junto con su esposo, tan envidioso y cruel como ella. Los gorriones les recibieron con la misma amabilidad que al otro matrimonio, y cuando ya se despedían aceptaron el mayor de los cofres que les ofrecieron, porque pensaron que contendría más obsequios que el otro. Al llegar a su casa abrieron el cofre y ¡oh desdicha!, en lugar de joyas y objetos valiosos surgieron duendes y monstruos que devoraron a la avariciosa pareja.

Queda claro el propósito didáctico de esta historia.

---

[71] De aquí un proverbio: "Los gorriones jamás dejan de bailar aunque tengan ya cien años".

Otro pájaro célebre por su espíritu agradecido es el pato mandarín. Érase una vez, cuenta la popular historia, un ricachón que amaba a los pájaros de manera extraordinaria. Un día atrapó un hermoso pato mandarín y se lo llevó a su casa. Le construyó una bella jaula y confió el pájaro a los cuidados de un joven sirviente. Éste se interesó mucho por el pato, porque el ave estaba deprimida y melancólica y no comía nada. El sirviente probó todo lo que se le ocurrió para despertar el apetito del ave, pero todo fue en vano. Una sirvienta empleada en la misma casa dijo que era capaz de adivinar la causa de la tristeza del pato. Este, según ella, siempre había sido muy fiel a su compañera, y era indudable que el cautivo suspiraba por su pareja de la que estaba separado. Entonces, la sirvienta aconsejó que soltara al pato si no quería que muriese de pesar, y el sirviente alegó que temía que su amo se enfadase si dejaba el pájaro en libertad. La criada replicó que, en cambio, sería hacerle un bien al pájaro aun a riesgo de incurrir en la cólera del amo. De modo que el pájaro fue libertado y emprendió el vuelo alegremente. Cuando el amo halló vacía la jaula se puso furioso. El sirviente admitió su falta y pidió perdón por su negligencia, pero el ricachón no se calmó y a partir de aquel instante trató a su servidor con suma dureza.

Cuando la criada vio la desgracia que su consejo había provocado en el fiel sirviente, se apiadó de él y acabó enamorada del joven. Éste correspondió a su compasión y a su amor, y ambos mostraron su mutuo afecto tan abiertamente que los otros sirvientes de la mansión empezaron a murmurar de ellos. Al final, el amo oyó los comadreos acerca del romance de los dos sirvientes, así como de la participación que los dos habían tenido en la huida del pato mandarín. Su cólera subió de grado y así ordenó a los demás criados que ataran al joven y a la muchacha y los arrojasen al río. Justo cuando estaban a punto de ser echados al agua, aparecieron dos mensajeros del gobernador provincial y advirtieron que un decreto recién firmado prohibía la muerte como castigo dentro de la provincia. Al momento, soltaron a los dos sirvientes, que fueron conducidos por los mensajeros a la residencia oficial del gobernador. Por el camino sobrevino el crepúsculo, y bajo la penumbra los dos mensajeros desaparecieron como la bruma. Los dos sirvientes los buscaron en vano. Después, se echaron a dormir en una choza abandonada y allí se les aparecieron los dos mensajeros en una visión, diciendo que eran el pato mandarín libertado y su compañera. Expresaron su inmensa gratitud a los dos sirvientes, recuperaron su forma de aves y se marcharon volando. Los dos sirvientes se casaron y vivieron para siempre felices, con el mismo amor que unía al pato mandarín y a su pareja.

En otra historia, es un perro el que desempeña el papel protagonista. Érase una vez un oficial, muy avariento y envidioso. Ganaba dinero criando gusanos de seda que su esposa tenía el deber de alimentar. Una vez ella no los crió como era debido y el esposo la riñó y arrojó de casa. Abandonada por su marido y poseyendo como único bien un gusano de seda, lo cuidó amorosamente. Un día, el precioso gusano, de quien dependían las esperanzas de vida de la mujer, fue devorado por un perro. La joven, al principio, pensó matar al feroz animal, tanto era su furor, pero reflexionó que de esta manera el gusano no recobraría la vida y que el perro, al fin y al cabo, era ya su único compañero. Y como se hallaba ya al final de todos sus recursos, acalló su aturdida mente pensando en las enseñanzas sobre el amor y el karma del Buda.

Otro día, el perro se lastimó el hocico. La joven halló un hilo blanco que salía de la herida y trató de sacarlo. El hilo fue saliendo interminablemente hasta producir centenares de ovillos de finísima seda. Después, el perro murió. La joven lo enterró bajo un moral, rezando al Buda, por cuyo intermedio ella había hallado al perro. El moral creció rápidamente y en sus hojas aparecieron muchos gusanos de seda. Y la seda que producían fue la de mejor calidad del país, por lo que la vendió toda a la corte imperial. Al saber esto, su esposo se arrepintió de su avaricia y su crueldad, volvió al lado de su esposa y desde entonces ambos vivieron en paz y prosperidad.

La lista de animales agradecidos es muy larga. Incluye a la vaca, el mono, peces, perros, caballos, y hasta lobos y zorras, pero quizá sea la avispa la que se lleva la palma en ese protagonismo. La siguiente es una de las más populares de tales historias.

Mucho tiempo atrás vivió en Yamato un guerrero llamado Yogo. En una batalla fue totalmente derrotado, por lo que se refugió en una cueva. Allí vio a una avispa atrapada en una tela de araña y, simpatizando con el infeliz destino del insecto, destrozó la telaraña y la liberó. Luego, mientras dormía en la cueva, vio en sueños a un hombre vestido con ropas de color pardo que estaba ante él y le decía:

—Yo soy la avispa que has salvado y debo pagarte la deuda que he contraído contigo ayudándote en tu próximo combate. No te desesperes y vuelve a luchar, aunque tus seguidores sean pocos. Pero antes construye un cobertizo y pon en su interior muchas jarras y botellas, tantas como puedas encontrar.

Animado por esta visión, Yogo reunió a sus fieles compañeros y se dispuso a pelear de nuevo. Entonces, aparecieron innumerables avispas de todas direcciones, y se escondieron en las botellas. El enemigo se enteró de que Yogo volvía a estar dispuesto para el combate y envió un ejército para atacarle. Cuando la batalla estaba en su apogeo, salieron las avispas de su escondrijo y empezaron a picar a las tropas enemigas hasta que todos huyeron en confusión, dejando victorioso a Yogo.

Como último ejemplo de este tipo de historias contaremos la historia de una grulla agradecida que se casó con su benefactor.

Érase una vez un noble que perdió toda su fortuna y se marchó a vivir al campo. Un día vio a un cazador que, después de conseguir una grulla estaba a punto de colgarla. Apiadado el noble, le suplicó al cazador que no colgara a la hermosa ave, pero el cruel individuo no quiso soltar a la grulla sin un buen rescate, y como el noble no poseía nada aparte de su preciosa espada, se la ofreció al cazador, contento de sacrificar aquel tesoro y salvar así la vida del ave.

A la noche siguiente, una joven acompañada por un solo servidor llamó a la casita del noble, pidiendo asilo para la noche. Al noble le asombró que tan delicada damisela se hallase en sitio tan poco apropiado para ella, pero la recibió con generosa hospitalidad. La joven le contó que la había arrojado de casa su malvada madrastra[72] y que, no teniendo adonde ir, suplicaba poder quedarse en la casita del noble. Éste le concedió el permiso para ello, y con el

---

[72] Esto sucede a menudo en las historias japonesas de la Edad Media.

tiempo ambos se enamoraron y se casaron. La joven le entregó a su esposo cierta cantidad de oro que había llevado consigo, y la pareja pudo vivir ya sin agobios. Pero su idílica existencia no duró mucho. Un día, el señor feudal de la región organizó una gran cacería, y la joven tuvo que confesarle a su esposo que en realidad ella era la grulla que había salvado, y que había llegado la hora de regresar a su hogar en el reino de las aves. Así llevó a su marido al maravilloso palacio de sus padres, pero al final ambos tuvieron que separarse a causa de sus diferentes destinos[73].

---

[73] Este es un ejemplo de una visita al palacio maravilloso situado más allá de nuestro mundo.

II. LOS ANIMALES VENGATIVOS Y MALICIOSOS

El animal vengativo es tan común en el folclore japonés como el agradecido. A veces, los animales se vengan entre sí, a veces de la humanidad. En esas historias encontramos generalmente la creencia en la brujería, poder que tienen los animales maliciosos, y sus éxitos suelen ser el triunfo de la astucia y la malicia. La astucia animal, sobre todo en los cuentos infantiles, contrasta con la necedad humana, mientras que nada es más común que un supersticioso temor del poder para el mal que se supone poseen algunos animales. Teóricamente, esta clase de historias pueden dividirse en las que se cuentan para diversión de los niños y las que son producto de la superstición popular. No obstante, muchas historias se hallan en la misma divisoria y comparten ambos caracteres, y son precisamente estas historias las que tienden por desgracia a tornar a los niños tímidos, miedosos y supersticiosos. Nos referiremos en primer lugar a las historias de brujería y malicia perversa, y continuaremos con las que sólo son cuentos infantiles.

Los animales que regularmente poseen poderes extraños son el zorro, el tejón, el gato y la serpiente, pues los demás animales se consideran dotados con tales poderes sólo ocasionalmente. Ya hemos tratado de la serpiente en relación con los mitos de la tribu de los dragones. De los otros tres, el zorro es la figura más antigua de la superstición, ya que sus historias se remontan al siglo X o antes. El gato y el tejón llegaron más tarde al folclore, probablemente hacia el siglo XIV. De todos modos, la influencia china parece que dio el primer impulso a la imaginación japonesa, ya que la primitiva tradición del Japón no presenta esa clase de supersticiones.

La zorra-bruja más famosa es Tamano-no-Maye, una dama de la

corte que vivió a comienzos del siglo XII. En realidad, era una viejísima zorra, con una cola octofurcada, y su maldad consistía en transformarse en una mujer bellísima y arruinar a un hombre rico, haciéndole pecar. Tuvo grandes éxitos con tan maligno arte en la India y en la China, y finalmente llegó al Japón gracias a su poder de volar con gran rapidez. Pero mientras se hallaba entregada a sus maliciosas maquinaciones, su secreto fue descubierto por un noble, que al fin logró romper el hechizo con el poder milagroso de un espejo divino. Delante del espejo la zorra perdió sus poderes de transformación, apareció en todo su horrible aspecto y huyó hacia Oriente. Enviaron un ejército en su persecución, auxiliado por una horda de guerreros que salió del espejo, y entre todos mataron a la zorra.

Su espíritu malvado se refugió en una roca de las praderas de Nasu, tras lo cual cualquiera que tocara la roca, ser humano o animal, fallecía al punto. La roca llegó a ser llamada «la Roca Mortal de Nasu-no». Sin embargo, aquel espíritu maligno fue finalmente exorcizado por un virtuoso monje y la roca dejó de ser mortal.

Ésta es la historia de un zorro vengativo: Erase un campesino llamado Jinroku, el cual encontró un día un zorro dormido entre los matorrales, cerca de su granja. Por pura diversión, asustó al animal y lo persiguió hasta quedar aquél casi agotado, pero no lo mató. Unos días más tarde, Jinroku vio en sueños una figura divina que le comunicó que había una gran cantidad de oro en un jarrón enterrado en su granja. Jinroku no era tan crédulo como para pensar que el sueño era verdad, pero cuando la misma visión se le apareció una y otra vez, así como a otros miembros de la familia, se sintió tentado a desenterrar el tesoro. Manteniendo el asunto en secreto empezó a cavar con sus hijos. Sin embargo, todo el trabajo fue inútil y por eso no tardó en abandonar la búsqueda del dinero.

Después, se le apareció en sueños la misma figura y, acusando a Jinroku por su falta de fe y paciencia, le explicó: «Yo soy el dios patrón del oro y la fortuna, y conozco muy bien la existencia de todos los tesoros de la tierra. Tú no has logrado descubrir este tesoro, porque no has confiado en mi oráculo y también por haber deseado guardar en secreto esta revelación. Pues bien, da una gran fiesta, invita a todos tus vecinos, haz público el secreto y el éxito será seguro. No albergues ninguna duda».

Jinroku quedó completamente convencido de la veracidad de la aparición y se apresuró a hacer todo cuanto aquélla le había ordenado. Esta vez encontró unos centavos y, animado por el resultado, cavó cada vez más hondo. Así fueron apareciendo algunos centavos sueltos, pero nunca un verdadero tesoro, por lo que Jinroku acabó siendo la burla de sus vecinos. De esta manera se vengó de su verdugo el zorro.

No hay espacio aquí para contar más historias de este tipo, pero añadiremos un ejemplo de una travesura de la que un zorro fue culpable.

Hace mucho, mucho tiempo, un hombre fue con su sirviente en busca de un caballo extraviado. Después de muchas pesquisas infructuosas llegaron a un prado. Allí vieron un gigantesco criptómero, a pesar de que en aquel prado jamás habían visto aquel árbol. Dudaron incluso de sus mismos ojos, pero lo cierto es que ambos veían el árbol con toda claridad. Entonces, pensaron que habían confundido un prado por otro, si bien sabían que esto era imposible, y como último recurso llegaron a la conclusión de que el misterioso árbol debía de ser obra de un espíritu malvado. Por consiguiente lanzaron flechas contra el gigantesco árbol, el cual inmediatamente desapareció. Regresaron sanos y salvos a casa, y cuando a la mañana siguiente volvieron al prado encontraron a un viejo zorro muerto con unas ramitas de criptómero en la boca[74].

Las historias que tratan del tejón son semejantes a las del zorro, aunque el tejón nunca es tan malicioso como el «Renard» francés. A los dos animales se les representa engañando a los hombres transformándose en seres humanos —un monje o un muchacho—, di-

---

[74] La historia está en el *Kon-jaku Monogatari*, «(Cuentos antiguos y modernos)», del siglo XI. Este libro es uno de los más antiguos de su clase, y fue imitado por otros muchos.

ferencia tal vez sugerida por el distinto color de ambos animales. También el gato, especialmente si es viejo, es considerado como una criatura maliciosa, y aunque las transformaciones del zorro y el tejón son temporales, el gato suele adoptar la figura humana de modo permanente, y es un agente activo de una larga historia como la del zorro Tamano. Durante el régimen feudal, especialmente en el siglo VIII, circularon muchas narraciones en las que un gato se transformaba en una bellísima mujer a fin de ser la querida de un señor feudal y arruinarle. Pero estas historias no pertenecen, hablando en propiedad, al folclore, aunque ilustran la creencia popular en el carácter malicioso del gato y en sus poderes mágicos.

Los colores de la piel del gato han influido mucho en popularizar estas ideas acerca de ese animal. El gato más temido era uno de color rojizo o pardo rosado, llamado el «gato flor dorada». También hay el gato con tres colores mezclados: blanco, negro y pardo. Se creía que los poderes mágicos de los gatos negros o blancos podían predecir el tiempo, por lo que los marinos siempre tenían uno en el barco.

La siguiente es una historia característica acerca de un gato «flor dorada».

Érase una vez un samurái que encontró un gato «flor dorada» y lo llevó a casa de su madre, la cual se entusiasmó con el minino. Algún tiempo después, el gato desapareció, y de inmediato la anciana dama empezó a evitar la luz, quejándose de que sus ojos la molestaban terriblemente. Sin embargo, rehuía todo tratamiento médico, y su hijo, a pesar de su ansiedad, no podía convencerla para que abandonase los rincones oscuros en los que se ocultaba. De repente, desaparecieron dos doncellas de la servidumbre de la casa, y nadie pudo hallar su rastro hasta que un día, un criado, cavando en el jardín, descubrió las ropas de ambas jóvenes con manchas de sangre, y cavando más encontró sus huesos. El horrorizado criado corrió hacia la casa para contarle a su amo lo encontrado, pero halló a la madre del amo, la cual, llena de furor, amenazó al criado con la muerte si hablaba con nadie de su descubrimiento. El buen sirviente se asustó tanto ante la cólera de la madre, que abandonó la casa en silencio.

Unos días más tarde, un vecino del samurái vio cómo la madre de éste se lavaba la boca ensangrentada en un riachuelo que corría cerca de su casa. Mientras la contemplaba, apareció un perro, y la anciana, tan pronto como lo vio, saltó sobre un repecho rocoso y huyó. Esto convenció al vecino de que el gato «flor dorada» había devorado a la madre del samurái, transformándose en ella misma. Poco después, el vecino fue a visitar al samurái y le contó lo que había visto. Éste llevó varios perros a la habitación de su madre y abrió la puerta. El gato-brujo quedóse impotente ante los perros y éstos no tardaron en matarlo.

Otra historia de un gato malvado refiere su muerte a flechazos. Érase un muchacho samurái que solía cazar con un arco y diez flechas. Un día, al salir de casa, su madre le aconsejó que se llevase una flecha más de lo acostumbrado. Así lo hizo el joven, sin preguntarle a su madre el motivo de tal consejo. Luego, pasó el día entero sin ver caza alguna, y al llegar la tarde se sentó en una piedra para descansar. En tanto estaba allí sentado, gozando del sosegado atardecer y viendo elevarse a la luna, de manera extraña apareció otra luna a sus espaldas por el oeste. El muchacho se sorprendió por tal aparición y al momento pensó que debía de tratarse de la obra de un espíritu malvado. Rápidamente, disparó una flecha contra la segunda luna, la cual hizo impacto; pero la flecha rebotó sin causar ningún daño. El muchacho lanzó otra flecha, luego una tercera, una cuarta y así sucesivamente hasta la décima, siempre en vano. Al final, puso la undécima en el arco y la disparó. Al instante se oyó un alarido y el ruido de algo que caía al suelo. Fue hacia aquel lugar y encontró un gato gigantesco muerto con un espejo entre sus garras.

El joven samurái corrió a su casa y le contó lo ocurrido a su madre, y ésta le dijo que aquella mañana había visto a un gato contando las flechas de su hijo, por lo que le había aconsejado que llevase una flecha extra, pues la conducta del gato le había parecido muy sospechosa. El gato, por lo visto, poseía un espejo con el que podía protegerse contra las diez flechas, pero como pensaba que sólo había diez, había dejado caer el espejo, siendo alcanzado por la undécima flecha.

De las numerosas historias infantiles sobre animales vengativos hemos seleccionado la del zorrillo que se vengó de un tejón que había traicionado a su madre, la zorra[75].

Cierto bosque estaba tan asolado por los cazadores que en el mismo sólo quedaba un tejón, una zorra y un zorrito, cachorro de aquélla. Los tres vivían juntos, con gran pesadumbre y dificultades, y cuando se acabaron las provisiones, la zorra y el tejón idearon un plan para obtener comida. El tejón se fingió muerto y la zorra, convertida en ser humano, llevó al tejón aparentemente muerto al mercado.

La zorra consiguió dinero por el tejón y adquirió víveres; luego, el tejón logró escapar y se dirigió al bosque. Cuando las provisiones así obtenidas también se agotaron, los dos animales repitieron el truco, pero esta vez fue la zorra la que se fingió muerta y el tejón quien vendió su cuerpo. Sin embargo, el malvado tejón, deseando tener para él solo toda la comida, le aconsejó al comprador que tuviese mucho cuidado, asegurándose de que la zorra estuviese bien muerta. El comprador procedió a rematar a la zorra, y el tejón devoró toda la comida sin darle un solo bocado al cachorro de la zorra.

Pero el zorrito comprendió la traición del tejón y planeó una sutil venganza. Un día le dijo al tejón con gran inocencia:

—Tío mío, la gente sabe que tanto la zorra como el tejón son expertos en brujería, pero nadie sabe cuál de los dos es el más diestro en ese arte. Efectuemos una competición y veamos cuál es el más hábil.

El tejón se rió de la proposición del zorrito, pero accedió al plan, pensando deshacerse también del cachorro. Así, los dos animales marcharon juntos a la ciudad para ejercer sus poderes mágicos sobre los seres humanos. Al aproximarse a la población, el zorrito se retrasó y desapareció. Entonces, el tejón sentóse para descansar a la entrada de la ciudad; poco después pasó por un puente una larga

---

[75] "El triunfo del cachorro", Japanese Fairy Tales, nº 12. Otra historia sobre un tejón es la de "Kachi-kachi Yama". Un tejón atrapado por un leñador devora a la esposa de este. Una liebre viene en ayuda del angustiado leñador y al final consiguen ahogar al tejón. Ibid, nº 5.

procesión, con el palanquín de un Daimio[76] en el centro. El tejón estuvo seguro de que aquel espectáculo era una ilusión creada por el zorrito y al momento saltó en medio de la procesión gritando:

—¡Estúpido cachorro, te he descubierto el truco! ¡Ríndete!

Pero la procesión era muy real y los servidores del Daimio vapulearon al insolente tejón hasta matarle con sus cayados, mientras el zorrito lo contemplaba todo desde lejos. De este modo vengó el cachorro la muerte de su madre.

Otro cuento infantil más divertido es el de «El mono y el cangrejo». Érase una vez un cangrejo que vivía cerca de un árbol caqui. Cuando los frutos maduraron el cangrejo quiso alcanzar algunos, pero como no podía trepar al árbol le pidió a un mono que le arrojase unos cuantos. El mono cogió los maduros para sí y tiró los verdes al cangrejo, el cual fue alcanzado por un caqui y, cuando murió, salieron de su vientre muchos cangrejos pequeños.

Éstos desearon vengar el asesinato de su madre, pero comprendieron que eran demasiado pequeños para luchar contra el mono. Entonces pidieron ayuda a otras criaturas y a seres inanimados, y los que acudieron en su auxilio fueron un castaño, un *funori*[77], una avispa, un cañón y un mortero que disparaba arroz. El castaño se deslizó en la casa del mono y se escondió en el horno. Cuando el mono llegó a casa y se dispuso a preparar el té, el castaño salió, explotó e hirió al mono en los ojos. Éste abrió una caja que contenía queso de fríjoles para aplicárselo a la quemadura, y la avispa le picó en la cara[78]. El asustado mono resbaló en el *funori* y cayó cuan largo era. Entonces, el cañón y el mortero cayeron desde d techo sobre el mono y lo dejaron sin sentido. Acto seguido, los cangrejos atacaron al indefenso mono y lo despedazaron.

---

[76] El Daimio era el título dado a los señores feudales más poderosos en el Japón medieval. (N. del T.)

[77] Una especie de almidón hecho con algas marinas, que es muy resbaladizo si se diluye.

[78] De aquí el proverbio: "Una avispa pica en una cara llorosa". Significa doble desgracia para la persona.

III. LA SERPIENTE

De todos los animales del folclore japonés, la serpiente desempeña el papel principal, y las ideas supersticiosas referentes a la «cuerda que anda» todavía siguen vigentes entre el pueblo. La serpiente, especialmente si es blanca, se la considera la patrona de la riqueza y casi añorada como un símbolo de la diosa Benten. Ya vimos uno de esos ejemplos en el relato de «Toda del saco de arroz». Pero a menudo se representa a la serpiente como una criatura malvada y vengativa. Una mujer celosa semeja, o se convierte, a una serpiente. En una narración, una mujer que persigue a su huidizo amante se transforma en una enorme serpiente al cruzar un río, y luego se enrosca y funde una campana de bronce en la que se ha escondido el amante infiel.[79] En otra historia, un guerrero renuncia a la vida activa y se hace monje porque al ver las sombras arrojadas sobre una mampara de papel por su esposa y concubina, su cabellera se transforma ante él en unas serpientes que pelean entre sí[80].

A la serpiente también se la considera como un símbolo de la lujuria. Esta idea dio pie a muchas historias sobre la adhesión de una serpiente a una mujer y el consiguiente nacimiento de un niño, humano o semi-monstruo. Incluso se cree que algunas familias descienden de tal unión y son protegidas por la serpiente padre.

Podemos añadir que existe la creencia de que muchos lagos y embalses tienen como genio a una serpiente, aunque no siempre está claro si se trata de un dragón o del verdadero reptil. Las historias referentes a esos genios son muy semejantes en todo el Japón, y en distintas localidades se relata la misma historia. Estas

---

[79] Esta es la historia de Hidaka-gawa, muy conocido por su popular dramatización, con la danza de la serpiente que la acompaña.

[80] Esta es otra famosa historia de Kato-Saemon, el guerrero, asimismo dramatizada.

serpientes semimíticas poseen, al parecer, poderes milagrosos, especialmente las que controlan el tiempo, y en épocas de sequía se les ofrecen presentes en las orillas de sus lagos. Los genios masculinos suelen tentar a las mujeres, atrayéndolas hacia el agua, mientras que las serpientes femeninas se aparecen en forma de bellísimas mujeres y se casan con los hombres. A veces se presentan como auténticas serpientes, aunque se supone que muchas tienen poder para transformarse en monstruosos dragones.

Vamos ahora a referir una de esas historias, la de la serpiente macho Nanzo-bo[81]. Erase un monje budista llamado Nanzo-bo. Este monje deseaba, lo mismo que algunos budistas de la Edad Media, ser testigo de la otra vida y oír los sermones del futuro Buda Maitreya que, según las profecías, cabía aparecer en el mundo al cabo de varios miles de millones de años. Guiado por un oráculo divino, decidió convertirse en dragón y gracias a esto sobrevivir en el agua hasta que apareciese Maitreya, ya que un dragón vive tanto que es casi inmortal. Para este fin se retiró a la orilla de un lago, al pie del monte Kotowake, donde recitaba continuamente el *Loto de la Verdad* y en virtud de este acto disciplinario fue transformándose gradualmente en serpiente.

Un día vio aproximarse una dama, que le dijo que se había sentido atraída por su voz cuando recitaba aquel texto sagrado, por lo que deseaba cohabitar con él[82]. Nanzo-bo se sorprendió ante aquella petición, pero al enterarse de que ella era la serpiente genio del lago, accedió a su deseo, y vivieron juntos en el agua. Unos días más tarde, la serpiente esposa le dijo:

—Hay una serpiente macho en otro lago próximo que hace tiempo anhela casarse conmigo. Si viene a visitarme seguramente le enojará mucho tu presencia. Procura estar preparado.

No tardó mucho en aparecer la otra serpiente, iniciándose de

---

[81] También llamado Nanso-bo. Es oscura la etimología de este nombre, aunque *bo* significa monje o sacerdote. Esta historia se contaba en distintas localidades.

[82] La idea budista es que el karma, que hace que uno se transforme en serpiente, establece una camaradería con otras serpientes, lo que posibilita una relación amorosa con una de ellas. Pese a sus piadosas intenciones. Nanzo-bo era en realidad un animal.

inmediato una pelea. La serpiente atacó a Nanzo-bo con su cabeza de ocho caras, y Nanzo-bo se defendió con su cabeza de nueve caras, ya que los ocho rollos de las sagradas escrituras en la cabeza de Nanzo-bo se convirtieron en una cabeza cada uno, y con la suya propia sumaron nueve. Nanzo-bo venció en el combate y el dragón rival huyó derrotado a su lago, donde vivió como una serpiente de poca categoría.

IV. EL AMOR Y EL MATRIMONIO DE LOS ANIMALES

El amor y el matrimonio entre diferentes animales o entre un animal y un ser humano son temas frecuentes en el folclore japonés. La historia más famosa es la de la zorra Kuzu-no-ha, que se enamoró de un guerrero y se casó con él. Se ha dramatizado el episodio de la separación de la zorra de su hijo, nacido de aquel matrimonio, y es a ese drama que debe la historia su popularidad, ya que el cuento en sí carece de originalidad e interés.[83] En una historia similar, el espíritu de un sauce añoso, llamado O-Ryu, se casa con un guerrero y ha de separarse de su esposo cuando talan el árbol. En la forma dramatizada de esta historia, el motivo principal es la agonía que el árbol-esposa manifiesta cada vez que el hacha penetra más profundamente en el tronco.

Un popular cuento infantil que habla de un matrimonio animal es «El casamiento del Ratón». La historia relata cómo se casan dos ratoncitos, tal como lo hacen los seres humanos. Pero otra versión tiene un tono didáctico e inculca la moral de que el casamiento debe ser efectuado entre los iguales y no entre personas que están en diferentes estaciones de la vida. Relata que una venerable pareja de ratones sentíase muy orgullosa de su única hija y deseaban casarla con una persona de alto rango. Pero cuando la joven se vio rechazada sucesivamente por la Luna, la Nube y el Viento, los padres decidieron al fin darla en matrimonio a uno de sus ratones empleados.

«El Búho y el Águila» es otra historia popular de este tipo. Érase una vez, cuenta, que vivía un búho llamado Eukuro. Éste se enamoró de una camachuela llamada Uso-dori, que vivía en otro bosque,

---

[83] Las luces vistas en la noche oscura sobre las marismas se explican a veces como antorchas encendidas para la boda de dos zorros.

atraído por la belleza de sus cantos. Fukuro consultó con sus seguidores, el grajo Kurozaemon y la garza Shimbei, para saber cómo podía obtener los favores de Uso-dori. Le respondieron que la joven había rechazado las pretensiones del águila, el señor Uye-minu («Nunca mirando arriba» o sea «Sin temor»), y le aconsejaron que perdiera sus esperanzas. Pero el búho no siguió este consejo y envió una carta de amor a Uso-dori por medio de Shiju-gara (el gran herrerillo manchú).

La carta era ingeniosa y apasionada,[84] y Uso-dori se sintió tan conmovida que respondió como sigue:

«No soy digna de tu amor y admiración y no deseo despertar los celos de otros aceptando tu amor, especialmente los de Uye-minu. Pero en el distante futuro, cuando las flores se abran en el Cielo y los frutos maduren en la tierra, nos encontraremos en el paraíso occidental de Ainita-Buda.»

Fukuro creyó que esta respuesta aludía a un encuentro después de la muerte, y por lo tanto un rechazo cortés a su amor. Alicaído por este fracaso y luchando entre su pasión y su determinación a resignarse, de repente halló consuelo en el consejo de una deidad a la que adoraba. Esta deidad le reveló el significado oculto de la carta: las flores del Cielo eran las estrellas, los frutos de la tierra el alba, y el paraíso una capilla de Amita-Buda situada en la vertiente occidental de la montaña. Fukuro, entonces, se sintió transportado de felicidad gracias a esta dichosa interpretación y al instante se dirigió a la capilla y al encuentro de su amada.

Las otras aves se enteraron de aquella reunión y escribieron poesías quejándose de la buena suerte de Fukuro. Por tales poemas, el águila Uye-minu supo lo que ocurría y echó a volar presa de una furiosa rabia. Sus servidores atacaron a los amantes cuando los encontraron en el santuario de Amita, y Fukuro consiguió huir pero Uso-dori cayó víctima de la violencia de los asaltantes[85]. Fukuro, el

---

[84] La carta está escrita imitando el lenguaje de las aves, y alude poéticamente a las características de varios pájaros.

[85] El nombre Uso-Dori podría significar "pájaro yacente", nombre que pudo ser el origen de la historia.

búho, se sintió tan apesadumbrado por la muerte de su amada que vistió ropas monásticas y empezó a recorrer el país como monje itinerante. Por esta razón siempre se encuentra al búho en los bosques próximos a los templos budistas.

V. LOS INSECTOS, ESPECIALMENTE LAS MARIPOSAS

Finalmente, los insectos son bien conocidos en el folclore japonés, aunque sean más comunes como tema de poemas y pinturas. De todos modos, se presentan como hadas, jugando con las flores, devolviendo deudas o buscando el conocimiento budista. Ya hemos contado la historia de la avispa agradecida, y hay cuentos semejantes con referencia a luciérnagas o mariposas también agradecidas. Las libélulas o caballitos del diablo son cantados a menudo en la música tradicional, y se cree que los de color rojo están asociados con el regreso de los muertos a sus hogares del mundo. La mariposa en el folclore es una diminuta hada con alas multicolores; el grillo teje en su nido y avisa a los hombres con su canto la llegada del invierno; el *matsu-mushi (Calyptotryphus mamiomtus)*, el «insecto del pino», suspira y aguarda a su amigo[86].

De todos éstos, la mariposa es el insecto más popular, y frecuentemente se ejecuta en las festividades una música instrumental y una danza característica que representa a tan frágil insecto. La mariposa también aparece en el teatro No. Esta es la historia:

Un monje itinerante visita Miyako y pasa una noche en un palacio abandonado. Es una sosegada noche primaveral, el aire es suave y tranquilo, y la luna ilumina la escena. Aparece una mujer y le habla al monje de las glorias del pasado, cuando las flores se abrían en los jardines y la música y las fiestas daban felicidad al lugar. Después, le confiesa que ella es en realidad el espíritu de la mariposa, que disfruta con la compañía de todas las flores, excepto

---

[86] La palabra *matsu* significa a la vez "pino" y "aguardar". El relato trata de dos amigos a quienes les gustaba escuchar el susurro de los insectos en el campo Abeno. Uno de ellos muere allí y desde entonces canta plañideramente en armonía con los insectos mientras espera que su amigo se reúna con él.

la del ciruelo (en japonés, *ume)*, que florece muy pronto en primavera, y le pide al monje que le imbuya los conocimientos budistas para que pueda vivir en comunión con todos los seres. A continuación se transforma en mariposa, de color rosado y una guirnalda verde en la cabeza, y un par de alas de colores muy variados. El monje recita la escritura *Hokke-kyo*, («El loto de la verdad»), y mientras él recita la mariposa canta y baila. La última parte del drama se compone de la canción del hada y el coro, como sigue:

Las flores florecen según las estaciones,

su corazón vaga entre los troncos de los árboles.

Aquí, cerca de los jardines imperiales, en el palacio abandonado,

las flores silvestres se bañan a la suave brisa de la primavera,

los pájaros amarillos [ruiseñores japoneses] cantan entre las ramas.

Ved a la mariposa danzando entre las nubes de flores,

entre los pétalos que vuelan como copos de nieve,

agitando sus mangas y barriendo a un lado los pétalos.

¡Oh, qué visión tan encantadora!

Cuando haya pasado la primavera y se haya ido el verano,

y el otoño esté presente, y todas las flores se agosten,

sólo quedará la blanca escarcha de los crisantemos.

Dando vueltas en torno a las ramitas que aún contienen flores,

la mariposa baila como una peonza,

girando y girando se vuelve hacia la Iluminación.

Ved al hada bailando la danza del Bodhisattva,

la danza y el canto celestiales.

Su figura poco a poco se aparta de nosotros,

hacia el cielo que amanece de la noche primaveral.

Ved sus alas moviéndose entre los círculos arremolinados de la niebla,

¡ved cómo su figura gradualmente desaparece en la bruma matinal!

A modo de transición de las historias de plantas y flores, añadiremos otro cuento de mariposas, en el que una aparece como la encarnación del alma humana rondando entre las flores que había amado en su vida anterior.

Érase una vez un joven llamado Sakuni. Pasaba la existencia plantando y cuidando flores. Luego se casó con una joven que tenía la misma afición. La pareja únicamente se ocupaba de las flores que crecían en sus espaciosos jardines. Nació un hijo que también heredó este amor por las flores. Al cabo de muchos años de esta vida idílica, marido y mujer murieron. El hijo siguió cultivando sus plantas y hierbas con más amor que nunca, como si fuesen los espíritus de sus difuntos padres. Al llegar la primavera, el muchacho observó que dos mariposas aparecían día tras día y revoloteaban juntas entre las flores. Como el joven también amaba a las mariposas, procuró que no recayese sobre ellas ningún mal. Una noche soñó que sus difuntos padres volvían al jardín y veían conmovidos y admirados a las flores, y finalmente se convertían en mariposas. A la mañana siguiente, el muchacho corrió al jardín y encontró a las mismas mariposas revoloteando entre las flores, tal como las había visto en su sueño. Así supo que las queridas mariposas eran realmente las almas de sus padres, por lo que empezó a alimentarlas con miel y las cuidó con toda ternura y solicitud.

Capítulo VIII

HISTORIAS DE PLANTAS

Y FLORES

Ya tuvimos ocasión de hablar de los árboles y las flores, y de contar algunas historias respecto a los mismos. Tales historias son muy numerosas y todas se basan en la creencia popular de que las plantas están dotadas de almas semejantes a las humanas. No hay ni la menor insinuación de maldad en la naturaleza, pues se cree que los árboles y las flores son bellas hadas o seres similares, siempre amables y modestos. Hablan entre sí o con los humanos, se aman entre sí o se casan con los seres humanos, igual que el sauce que, como vimos, se transformó en una mujer. Acuden a los monjes budistas en demanda de las enseñanzas de su doctrina y hasta alcanzan cierto grado de iluminación religiosa. Cuando pelean, como hacen ocasionalmente, nunca lo hacen con ferocidad. En algunos casos la planta manifiesta gratitud, como los rábanos que aparecen en un cuento como hombres armados para defender al hombre que era extremadamente amante de esos vegetales.

Las plantas y las flores, como los insectos, son figuras más preponderantes en el arte y la poesía que en el folclore, y así a menudo se hallan personificados en la poesía, y algunos de esos poemas dan lugar a historias sumamente interesantes; además, las flores están frecuentemente pintadas en cuadros, habiendo llegado a asumir personalidades bien definidas en la imaginación popular. Finalmente, el sitio que las plantas y las flores ocupan en las fiestas estacionales se hallan estrechamente asociados con las personas míticas celebradas en tales festividades. Ya vimos que ciertas plantas están siempre asociadas con los Sennin, y sabremos más de ellas cuando lleguemos al «Calendario Floral».

I. ÁRBOLES MÍTICOS

Muchos viejos árboles se consideran como semidivinos, siendo numerosos, famosos en todo el Japón. También hay árboles míticos, como creaciones puras de la imaginación. Aparte del árbol celestial del budismo, el folclore japonés tiene un árbol celestial que es el *katsura (Cercidiphyllum japonicum)*, una especie de laurel que se cree que vive en la luna y es visible en los sitios oscuros de su superficie. Aunque esta idea parece ser de origen chino, se ha naturalizado tanto en el Japón que es una expresión común la del «*katsura* de la luna». Un poema del siglo IX dice:

¿Por qué brilla tanto la luna

en la noche clara de otoño?

¿Es posible que sea porque

el katsura *celestial luce con resplandeciente carmesí,*

como las hojas del arce en nuestro mundo?

Uno de los árboles gigantes atribuidos a la era mítica es el enorme *kunugi (Quercus serrata,)*, una especie de roble del que se dice que se alzaba en la isla de Tsukuchi, tan inmenso que la sombra que arrojaba por las mañanas y en el crepúsculo vespertino alcanzaba centenares de millas a su alrededor. Cuando cayó, su tronco resultó ser tan largo como una cadena de montañas, y cientos y miles de personas pudieron caminar sobre el mismo. Al parecer, esta historia fue inventada para explicar el origen del carbón, tan abundante en dicha isla.

Otro árbol mítico es el gigantesco castaño que se alzaba en el distrito de Kurita («castañar»), en la provincia de Omi. Tanto se extendían sus ramas que las castañas caían a varias millas de distancia, y uno de los montones hechos con estos frutos cubrió tres distritos, y la gente de Wakasa, en el noroeste, se quejó de que las cosechas de arroz decaían a causa de esa sombra. Por eso, el gobernador de Omi ordenó talar el árbol, y muchos leñadores pusieron manos a la obra. Pero todos los cortes que le infligían al tronco del árbol quedaban de nuevo cerrados por la noche y a la mañana siguiente el castaño seguía medrando tan lozano como antes.

Este extraño fenómeno se debía al hecho de que los espíritus de los otros árboles y hasta las hierbas del suelo respetaban al gigantesco árbol como si fuese su rey, y cada noche acudían a cicatrizarle las heridas. Sin embargo, una noche cierta clase de hiedra, llamada *hito-kusa-kazura*, o «una humilde-hiedra», fue con los demás a curar al pobre árbol. Pero el castaño era demasiado orgulloso para dejarse curar por una hierba tan insignificante como la hiedra y rechazó sus servicios. La hiedra se sintió insultada y proyectó vengarse del arrogante castaño. Así, se les apareció la visión a los leñadores que ejecutaban su inútil tarea y les contó cómo se llevaba a cabo la restauración del árbol. Además, la vengativa hiedra les explicó cómo podían impedir la curación nocturna quemando el árbol. Una vez hecho esto, las heridas no podrían cicatrizar y el árbol caería. El sitio donde cayó es la «Costa del Árbol», en el lago Biwa de Omi.

II. LOS GENIOS DE LAS PLANTAS

Entre los árboles, el pino es el más conspicuo del paisaje y, por lo tanto, de la pintura, la poesía y el folclore.[87] Los pinos más famosos son los dos de Takasago, cuyos genios, según se dice, se aparecen a menudo bajo la luz de la luna, como un hombre de blancos cabellos, y su esposa, limpiando con escobas el suelo repleto de agujas de pino. Una versión de la historia quiere que el esposo sea el genio de un pino que se halla al otro lado del mar, y cuenta cómo va todas las noches a Takasago. La historia es muy tenue, y las circunstancias que hicieron famosos a esos árboles aparecen en un popular drama lírico, en el que la vieja pareja imparte bendiciones al pacífico reino del Emperador. La canción es, en parte, como sigue:

Las olas todavía están en los cuatro mares.

El viento del tiempo sopla suavemente, pero los árboles

no se balancean, ni crujen sus hojas.

En aquella época benditos eran los abetos

que se encontraban y envejecían juntos.

Ni miradas hacia el cielo ni reverentes

palabras de gratitud y alabanza

pueden expresar nuestro agradecimiento, que todos nuestros días

pasan en esta era con las bendiciones concedidas

---

[87] El tributo pagado al pino es de origen chino, pero su perennidad sugiere prosperidad, y las dimensiones que a menudo alcanza simbolizan la longevidad.

por la generosidad de nuestro Señor Soberano

Ésta es una canción propia de las bodas, y los genios que simbolizan la longevidad y la fidelidad conyugal también están presentes en tales ocasiones, mediante tablillas en las que se hallan grabados en miniaturas.

El criptómero (en japonés, *sugi*) es mencionado casi tan a menudo como el pino en el folclore japonés. Claro que no adopta las formas fantásticas del pino, sino que, por el contrario, es famoso por su derechura y simetría, así como por la densidad de su follaje. Con frecuencia va asociado un *sugi* gigante o un grupo de esos árboles a una capilla sintoísta, y este árbol ha llegado a ser casi el símbolo del misterio sombrío de un santuario shinto: una estructura gótica edificada por las manos de la naturaleza. Se cree, asimismo, que el *sugi* es la morada favorita de los tengus, quienes celebran sus asambleas en los bosquecillos de tales árboles.

Una historia muy antigua en la que toma parte el *sugi* es la del santuario de Miwa, dedicado al Gran Señor de las Tierras.

Una mujer que vivía en Yamato era visitada todas las noches por un joven muy hermoso que no quería revelar su identidad. La mujer, deseando saber quién era él, le ató una cinta muy larga a sus ropas, y le siguió cuando él se marchó por la mañana. Así descubrió que el joven desaparecía en la montaña de Miwa, en el sitio donde se alzaban tres gigantescos *sugi.* A partir de entonces, se consideró aquel trío de árboles como la morada del divino Gran Señor de las Tierras, y por eso el santuario de Miwa no tiene edificios sagrados sino que queda abrigado por los árboles. Otras historias semejantes a ésta se cuentan respecto a diversos emplazamientos de santuarios sintoístas.

El genio de *icho,* o árbol gingko, es una anciana. El tronco y las ramas del gingko, cuando este árbol va envejeciendo, produce unas raras excrecencias colgantes que semejan los pechos femeninos. Por eso se cree que el gingko ejerce un cuidado especial en las madres lactantes, por lo que dichas mujeres suelen ir en adoración hasta uno de esos árboles.

En años bastante recientes empezó a circular una singular historia referente a un gingko que crecía en el parque Hibiya de Tokio, en el centro de esta ciudad. El parque había sido en tiempos primitivos un verdadero yermo en el que solamente crecía ese viejo gingko. Cuando diseñaron el parque, el gingko empezó a secarse, con gran pesar de los jardineros. Se probaron distintos métodos para conservarlo vivo, mas todo fue en vano. Un día, al anochecer, cuando el jardinero mayor se hallaba solo frente al árbol, considerando si sería posible probar algún otro remedio para impedir su muerte, vio de repente a una vieja a su lado. La vieja le preguntó qué le torturaba y el jardinero se lo contó. La vieja se limitó a sonreír y exclamó:

—Como sabes, el gingko es el árbol de la leche. Vierte abundante leche de vaca alrededor de sus raíces y el árbol volverá a prosperar.

Luego, desapareció tan misteriosamente como había aparecido. El jardinero siguió aquel consejo y casi al instante el gingko empezó a recobrar sus fuerzas y todo su vigor. Y hoy día continúa enhiesto en el centro del parque.

III. LAS HADAS DE LAS FLORES

Las hadas de las Flores del folclore japonés son esenciales en todo como los Tennin budistas, y en la mente popular siempre quedan asociadas a la música y la danza. Ya hemos hablado de las cinco hadas del cerezo; pero hay otras dos también relacionadas con los dramas líricos. Una es el hada de la glicina purpúrea que florece a comienzos de verano, y la otra es la del *basho* o bananero, cuyas hojas las desgarra el viento otoñal.

El argumento del drama de la glicina transcurre en la playa de Tako, en la costa del mar del Japón. A continuación transcribimos una parte del canto coral que acompaña a la danza de esta hada:

Sin ayuda de barca o carreta

viene deslizándose la Primavera,

dejando atrás las cantarillas cetonias y los pétalos revoloteadores.

Bajo las nubes blancas de las marchitas flores del cerezo,

la glicina deja caer sus gotas violetas de rocío.

Ved la luna en el brumoso cielo de la noche primaveral,

un borroso reflejo que la glicina tiñe con su brillo violáceo.

Rara es una vista como ésta en la playa de Tako

donde los pinos crecen en la lejana franja de tierra.

El suave céfiro de la noche primaveral

entona su melodía con las agujas de los pinos,

y el aire susurra: «Vive miles de años».

Y en las ramas cuelgan las flores de la glicina,

cuyos racimos violetas, como nieblas iridiscentes,

abren un surco en la densa maleza del bosque perenne.

Ved el hada danzando en medio del halo purpúreo,

agitando los brazos de plumosas nubes de los racimos de glicina.

¡Cantad, oh trémulas hojas de los colgantes sauces!,

¡danzad juntos, oh pétalos arremolinados de las flores!,

¡danza con ellos, oh Hada de los campos poblados de glicinas!

Los colores y los aromas de los árboles y las flores se funden

en el aire sereno de la playa de Tako,

donde las olas murmuran quedamente

bajo la hermosa luz de la luna,

reflejando los ondulantes velos del hada danzante.

Una y otra vez, atrás y adelante, atrás y adelante,

danza el hada de la glicina purpúrea,

hasta que el crepúsculo matutino asoma entre las nubes iridiscentes,

hasta que finalmente su figura se pierde entre los rastros de la niebla...

Existe otro drama lírico en torno a la danza, muy diferente, del hada Basho. Este drama transcurre en una ermita entre montañas, donde un monje eremita recita todas las noches la escritura *Hokke-*

kyo. También todas las noches visita el lugar una mujer, sentándose al lado del ermitaño. Una noche, el monje le pregunta quién es, y ella confiesa ser el genio del *basho* que crece en el jardín.[88] Dice así:

¡Aparezco en este desolado jardín!

Bañada en el rocío de la gracia,

gracia concedida a las hojas del basho *por la lluvia de la Verdad,*

—de la verdad a la que no es fácil descubrir—.

Salud, oh Basho, así transformada y ataviada con ropas humanas,

pero sin flores.

(Ahora, el hada Basho y el coro se alternan)

La fragilidad y la evanescencia

no son sólo cualidades de la feminidad,

pero el hada Basho, con ropas de colores oscuros,

sin los tintes ni la belleza de las flores,

se yergue, tímida, con sus mangas en jirones.

(El hada Basho baila al son del coro)

Con sentido o sin él,

---

[88] El *basho* es el bananero, pero el nombre tiene asociaciones en chino y japonés muy distintas del nombre en otros idiomas. En Japón, el bananero no da frutos, sus hojas se asocian siempre con la idea de fragilidad y su aspecto mustio en el otoño sugiere la evanescencia

siendo una hierba o un árbol,

la vida no es sino una manifestación

de la última realidad, que carece de señales distintivas,

una formación alimentada por la lluvia y el rocío,

compuesta de escarcha y nieve,

apareciendo en el campo del alma universal,

del Cosmos, omnipresente en el polvo..[89]

La vida es sólo un sueño, fugaz como las hojas el hada Basho...

A la pálida pereza de la luz lunar, ataviada con ropajes de hielo, luciendo una falda de escarcha,

tejida con la urdimbre de la escarcha y la trama del rocío, (baila.)

Como el ropaje de plumas del hada de la luna,

como ella, yo ondeo mis mangas de hojas de bananero,

las mangas que se agitan como abanicos de hojas de bananero,

y hago que el viento lo barra todo,

los miscanthus y las patrinias, las hierbas y las flores,

que crecen en el desolado jardín de la ermita.

Delicadas como el rocío, sutiles como fantasmas,

todas son esparcidas por el viento

que sopla sobre los gigantescos pinos.

---

[89] Se dice más en el poema acerca de la relación entre la realidad y la apariencia, desde el punto de vista budista del "Sendero del Medio". Para ello ver *Nichiren*, de Anesaki.

que sopla sobre millares de hojas y flores.

Ved esos millares de hojas y flores

que han sido arrancadas y esparcidas,

ninguna figura femenina puede ser rastreada,

pero las hojas arrancadas del basho *yacen en el suelo.*

Una historia en la que el elemento budista está muy claro es la de «El señor Mariposa y sus flores».[90]

Érase una vez un hombre que vivía en un suburbio de Miyako, el cual jamás se había casado, dedicándose exclusivamente a cultivar flores en su jardín. Aparte de dichas flores, no tenía otro amor que el de su madre, a la que adoraba profundamente. Nadie sabía su nombre, por lo que se le conocía como «señor Mariposa». Cuando falleció su madre, se quedó solo entre las flores, que aumentaron su melancolía, ya que estaban destinadas a ajarse y agostarse, y le entristecía verlas morir con las heladas del otoño. Cuando tendía la vista en torno a su jardín y oía el plañidero sonido de las campanas del templo budista que tañían en los crepúsculos vespertinos, meditaba dolorosamente sobre la evanescencia de las cosas de este mundo, hasta tal punto que al fin decidió abandonarlo.

Para ello se hizo ermitaño y se marchó a vivir entre los montes, lejos de Miyako. Una noche llamaron a su puerta. Al salir vio a una mujeruca vestida con ropas raídas, que le pidió que rezase por ella según la religión del Buda. Al principio, el ermitaño dudó si dejarla o no entrar, pero al fin decidió que bien podía admitir en la ermita a una mujer tan vieja. Mientras la mujeruca estaba sentada dentro de la ermita, escuchando el discurso del ermitaño, entró una joven ataviada de verde sauce y con un manto púrpura, y se sentó en silencio al lado de la anciana. Después, de extraña manera, como surgiendo de la niebla, aparecieron más mujeres jóvenes, una tras otra, algunas con ropas verdosas, otras blancas y rosadas, unas más blancas y púrpuras, etcétera. Finalmente, se congregaron unas

---

[90] Kocho Monogatari del siglo XVII.

treinta mujeres, viejas y jóvenes, adornadas con multitud de colores, todas las cuales escucharon atentamente el sermón del ermitaño. Éste, no obstante, no sabía qué hacer con aquella impremeditada asamblea, aunque prosiguió estólidamente con su sermón, subrayando la vanidad de la vida mundana y describiendo el destino final de todo lo existente, no sólo de la humanidad sino también de los vegetales y los animales. Cuando terminó, las mujeres le expresaron su estima y le confesaron que en realidad eran los espíritus de las flores que él tanto había amado, las cuales deseaban compartir con él la gracia del budismo. Cada una le dejó un poema, como expresión de gratitud y como confesión de fe.[91]

Una vez hubo desaparecido la última de ellas, alboreó el día; las plantas y los arbustos que crecían en torno a la ermita temblaron suavemente bajo el aire matutino y relucieron con las gotas de rocío. El ermitaño volvió a impresionarse con la verdad de la enseñanza según la cual todas las criaturas están destinadas a convertirse en Budas, y así vivió el resto de su vida movido por una gran piedad.

También existen muchas historias románticas y bellísimas sobre el origen de diversas plantas y flores. La *Ominameshi* *(Patriniascabio saefolia)*, por ejemplo, es una hierba que tiene un tallo esbelto y diminutos racimos de flores amarillas que florecen a principios de otoño. Junto con las delicadas espigas del *susuki* *(Miscanthus sinensis)*, se doblan y ondulan bajo la brisa otoñal y dan una idea de ternura y sumisión. Por eso a la *ominameshi* se la conoce como la «flor femenina».[92]

La historia de su origen es como sigue:

---

[91] Las flores se enumeran en la historia como sigue: calabaza-vinatera (o «Dondiego de noche»), *yamabuki (Kimia japónica)*, *ominuimesh*, o la "dama-flor" *(Patrinia scabiosaefolia)*, lirio, enredadera, crisantemo, glicina, loto, etc. Esta historia fue sugerida evidentemente por la similitud de las plantas en el capítulo V del *Loto de la Verdad*

[92] El nombre puede significar «Según el viento», «Pequeño campo». No es posible saber si el nombre fue inventado para la historia o si era un nombre real.

Cierta mujer, como resultado de un mal entendimiento, creyó estar abandonada por su enamorado, llamado Ono-no-Yorikaze. Desesperada, se suicidó arrojándose a un río que discurría cerca de su casa. Después de enterrada, en su tumba creció una planta especial. Era la patrinia. El enamorado, Yorikaze, lloró amargamente por su infeliz amada, y al final también se ahogó. Fue enterrado al lado de la joven, y de su tumba surgió el miscanthus. Desde entonces las dos plantas crecen juntas, y raras veces lo hacen separadas.

Se relata otra historia muy parecida respecto a una clase de hiedra que crece entre las piedras. Se denomina *Teiba-kazura*, siendo Teika el nombre de un poeta que vivió en el siglo XIII. Este poeta amaba a una princesa, también poetisa, que falleció y fue enterrada en el recinto de Nisonin, un monasterio budista de Saga, cerca de Miyako. Teika lloró tan apasionadamente por ella que su amor se encarnó en la hiedra que se aferraba a la tumba de la joven. Aún hoy día la losa cubierta con hiedra se enseña a los que visitan dicho monasterio.

Sin embargo, no todas las plantas son amorosas e inofensivas; la siguiente es una historia en la que se muestran celosas y combativas.

En Yoshino, famosa por sus floridos cerezos, había uno que daba unas flores de ocho pétalos, llamada por eso Dama Yaye-zakura o «cerezo de ocho pétalos». Muy cerca vivía un príncipe, Susuki (miscanthus), joven y valiente, el cual se enamoró de la Dama Yaye-zakura, que se hallaba en la plenitud de su floración. Ella se resistió por algún tiempo al amor del joven Susuki, pero cuando sus pétalos empezaron a caer se sometió a su amado y le permitió sostener los pétalos entre sus verdes hojas.

Un Umé (en japonés, ciruelo) también estaba enamorado de Yaye-zakura, por lo que se sintió celoso de su más afortunado rival y decidió vengarse, para lo cual convenció a los otros árboles que eran todos unos desdichados por haberse enamorado el más hermoso de todos los árboles de una simple planta. Entonces, todos los árboles se reunieron bajo la copa del ciruelo y se dispusieron a presentar batalla a las plantas y hierbas del bosque.

Las plantas se apresuraron a defender a Susuki y a su dama, y acto seguido se libró un combate tan feroz como los de los hombres. La victoria parecía inclinarse más hacia el bando de las plantas, pero cuando el famoso general Kusu-no-ki (alcanfor) acudió en favor de los árboles y puso fuego entre las plantas, la batalla se inclinó en favor de los árboles. El príncipe Susuki murió en el campo de batalla, lo mismo que muchos de sus seguidores. La Dama Yaye-zakura, en su pesar, se afeitó el cabello y vistió las ropas de monja. Desde entonces se la conoce con el nombre de Zumi-zome-zakura («el cerezo con ropaje negro»).[93]

---

[93] Sus flores ofrecen un tono azulino.

IV. EL CALENDARIO FLORAL

Las plantas y las flores, naturalmente, están asociadas a la estación en que florecen, y están presentes en las fiestas que acompañan a cada estación. Existe un «calendario floral» muy conocido, donde se enumeran los lugares famosos de cada flor y pueden leerse las poesías y leyendas relativas a las mismas. El simbolismo de las flores deriva principalmente de sus respectivas características y su asociación con las estaciones, y las leyendas, hasta cierto punto, tienen su origen en las figuras poéticas o en las narraciones míticas, tanto nativas como extranjeras. Entre estas últimas, la mayor es la poesía china.[94]

En el Calendario Floral las estaciones solían disponerse según los meses del antiguo calendario lunar, y la alteración provocada por la adopción del calendario gregoriano en 1873 ha sido reajustado mediante métodos muy ingeniosos. Transcribiremos algunas historias del Calendario Floral, tal como hoy día aún se cuentan en Tokio.

Las plantas de los días de Año Nuevo (del 1 al 7 o 15 de enero) son el pino, el bambú y el ciruelo. El pino, por sus agujas siempre verdes, representa la prosperidad; el bambú la virtud de la honradez.

La flor del ciruelo se elige porque es la primera en florecer. Ya hablamos del genio del pino; dijimos que el del ciruelo es una concepción china, Rafu-sen, «el Hada del velo flotante», que aparece de noche entre sus flores y esparce por el aire su perfume. El animal

---

[94] Cf. *Japanese floral Calendar*, de E. V. Cleinent, Chicago, 1905; «Fiestas de la Flora y las Flores», en su *Japan and his Art*, Londres, 1889; *Japan's Year*, de Carrtithers.

asociado al pino es la grulla, símbolo de la longevidad; el del bambú es el gorrión, que baila entre sus ramas: y el compañero de la flor del ciruelo es el ruiseñor[95]. Otras flores de comienzos de la primavera son el narciso, símbolo de la pureza; el adonis (en japonés, *fukujuso*), que representa la fertilidad de vida hasta debajo de la nieve, y se cree que trae la buena suerte y la salud; y la *yuzuri-ha* (*Daphniphyllum ma-cropodum*), cuyo nombre sugiere la infinita continuidad.

A la primavera la anuncia el sauce, cuyas ramas colgantes sugieren una gracia elegante y sus hojas de verde claro una vida siempre fresca. Las hojas del sauce, junto con las flores del cerezo y otros árboles, componen el brocado de la primavera tejido por las manos de la Dama del Monte Sano, el genio de la primavera. Las flores de cerezo florecen por obra y gracia de la Dama-que-hace-florecer-los-cerezos, de la que ya hemos hablado. Después del cerezo, el melocotonero, tanto en sus flores como en sus frutos, está dotado de poderes contra la peste. Las flores del melocotonero están principalmente asociadas con el día de las muñecas (de las niñas), que se celebra el 3 de marzo, y representan la fecundidad. La serie de flores primaverales se concluye con la azalea, con la que el pueblo adorna un pequeño altar erigido al niño Buda en su cumpleaños, que se celebra el 8 de abril, aunque en realidad tuvo lugar un mes más tarde.

Floreciendo casi al mismo tiempo que la azalea, pero considerada ya como heraldo del verano, está la glicina, la globularia (Kerria) y la peonía. La glicina es el símbolo del resplandor y asimismo de lo transitorio, una de las historias ya contadas. El lirio es más conocido como *kakitsubata*, una de sus numerosas variedades. Está asociado en la pintura decorativa con la *yatsu-hashi* («el puente de las ocho planchas»), mencionado en una de las leyendas de amor de Narihira. Otra variedad, el *shobu*[96], es la flor

---

[95] El *uguisi* japonés, llamado comúnmente "ruiseñor" tiene asociaciones muy diferentes a las de su homólogo occidental. Su alegre canto se considera como el heraldo de la primavera. Se dice que sus notas repiten *Hokke-Kyo*, el nombre japonés de la escritura budista *El Loto de la Verdad.*

[96] Un colchón puede ser con frecuencia de hojas. Según el profesor Weiner, de la Universidad de Harvard, los colchones de esta clase se exportaban desde China al Asia Central y aún más al oeste, y de aquí el nombre de "bed" o "Bett" corrupción de la palabra china *But,* correspondiente a la última sílaba de *shobu*

de la fiesta de los muñecos (para niños), que se celebra el 5 de mayo, y protege contra los malos espíritus. Para este propósito, se cuelgan sus hojas del alero de la casa o se sumergen en un baño de agua. Esta práctica tuvo su origen en China. La globularia (en japonés *yamabuki*) es muy admirada por su brillante color amarillo. Las ramas del arbusto *yamabuki*, que se inclinan hacia abajo, se asocian en la poesía y la pintura con los arroyuelos, en cuyas orillas suelen crecer. La peonía es el símbolo de la belleza encantadora. El mismo significado se le atribuye al *fuyo* (*Hibiscus Mutabilis*) y a la hortensia; el primero simboliza una joven hermosa pero desdichada, y la segunda a una joven fascinante y voluble.

La flor del verano mencionada más a menudo en la poesía clásica es la de una especie de naranjo, el *tachibana (Citrus nobilis)*, cuyas flores diminutas son muy fragantes. La leyenda afirma que, a petición del soberano, fue llevada al Japón por un noble desde Tokoyo-no-kuni, o la Tierra Eterna, una isla del sur donde los árboles siempre están verdes. La fragancia de esta flor se asocia al canto del cuclillo. Más populares son el dondiego de día y la pálida flor de la calabaza vinatera, o dondiego de noche. El dondiego de día está asociado a Corea, tal vez porque su otro nombre es «Chosen» o «Calma matinal», que en japonés es otro nombre para Corea. El lector recordará el cuento del Capítulo V sobre el dondiego de noche, extraído de las aventuras del príncipe Genji, y el drama lírico basado en él. La amiga de la luna en verano es la prímula nocturna, cuyo nombre japonés es *tsukimiso*, o «la hierba que mira a la luna». La espadaña y otras plantas similares se comparan a las lanzas de las ranas, la nariz de los tengus, etcétera, y son corrientes en el arte japonés divertidas pinturas de estas hierbas y estos animales, aunque no existen historias especiales acerca de ellos.

Pero la flor más real del verano es la flor del loto, primitivamente introducida desde la India por el budismo, y siempre asociada al ideal budista de la pureza y la perfección. Es el símbolo de la pureza porque la planta surge de las aguas legamosas, y no obstante, ni el tallo ni las hojas ni las flores ostentan mancha alguna. La flor del loto encarna el ideal de perfección, porque su fruto madura cuando la flor se abre, simbolizando así la unicidad de las instrucciones y el conocimiento del budista. El paraíso del budismo posee, al parecer, una balsa llena de ambrosía, donde crece y florece el loto de varios colores y fragancia celestial. Por consiguiente, en todos los templos budistas hay una balsa con lotos. También afirman las leyendas que las flores del loto crecen en las tumbas de los budistas piadosos. Por tanto, la flor del loto es el emblema del budismo y se utiliza ampliamente en la decoración de los templos y las pinturas budistas. Los Budas y los santos budistas siempre se ven sentados sobre una flor del loto con pétalos. El alma del budista difunto es transportada hacia lo alto, y en los cementerios la losa funeraria suele descansar sobre un loto tallado en piedra.

La llegada del otoño la indica la aparición de las «siete hierbas», que son: la kikyo *(Platycodon grandiflorum)*, una especie de campánula azul; la *ominameshi*, «la flor femenina», ya mencionada; la *fuji-bakama (Eupatorium sinensis)*; la glicina; la *waremoko*, una flor parecida a una espadaña pequeña; la *karukaya* o miscanthus, también mencionada; y la *hagi (Lespedeza bicolor)*, un arbusto. Todas ellas están asociadas siempre a insectos cantores, y la gente acude a los campos para admirar esas flores silvestres y al mismo tiempo escuchar la música plañidera de insectos músicos. El miscanthus es la flor de la fiesta de la luna llena del noveno mes lunar, cuando se ofrecen dulces a O-Tsuki-sama o el «Señor Luna».

En octubre y noviembre rigen el crisantemo y el arce. Los colores blanco y amarillo del crisantemo silvestre envían bendiciones desde el manantial de la juventud donde reside Kiku-Jido, o el «Joven Crisantemo». Sus pétalos y sus hojas se sumergen en la cerveza de sake que confiere a la humanidad las bendiciones de salud y longevidad.

Las flores multicolores y domesticadas del crisantemo tienen diversos nombres relacionados con varias figuras poéticas y personajes legendarios. El cuento del «Manantial del Joven Crisantemo» y del río que del mismo fluye proporciona el tema de una festividad denominada «Fiesta del Río Sinuoso». Todo río sinuoso tiene su origen en un jardín espacioso plantado de crisantemos. Los hombres y las mujeres que saben versificar se sientan por las orillas del río. Se echan diminutos vasos de madera, lacados en rojo y de forma plana, en donde mana el agua del manantial, y éstos bajan por la corriente del río. En cada uno de ellos hay un pedazo de papel con un tema poético escrito en él. Cada una de las personas sentadas en las riberas coge uno de los vasitos, bebe un sorbo de sake y compone un poema sobre el tema que ha extraído del vaso. La fiesta es un concurso floral y al mismo tiempo simboliza una comunión en la ambrosía del manantial del crisantemo o de eterna juventud.

Las hojas del arce, aunque no sean flores, se consideran como afines a ellas. En poesía y pintura el color carmesí del arce se asocia al melancólico gimoteo del ciervo, porque a este animal se le oye cuando las hojas empiezan a enrojecer. A veces, el arce también se asocia en poesía con la brillante luz de la luna en una noche otoñal; hay, por ejemplo, un poema en el *Kokin-shu,* una antología del siglo IX, que dice:

La helada luz de la luna, fría y blanca,

brilla tan clara, que deja divisar

cada hoja de arce al caer del árbol,

para tejer una perfecta alfombra,

en el silencio de la noche otoñal.[97]

El poema del árbol *katsura* de la luna, ya mencionado, también

---

[97] Clara A. Walsh, *The Master Singers of Japan,* pág. 103. Con referencia a este poema Miss C. E. Fuerness, del Vassar College, nos dice algo interesante: ella escribe: «Me gustaría mencionar un poema porque se refiere a un punto que he observado a menudo, pero que nunca lo he visto referido a algún sitio. A veces he visto caer la luz de la luna sobre un árbol cuyas hojas se han agostado con las escarchas del otoño. Hay varios cerca de nuestro observatorio, y como mis tareas me obligan a salir por la noche, miro a la luna a través de esas hojas o la veo brillar sobre un árbol. El efecto es más bello cuando las hojas amarillean que cuando están rojas. Entonces, el paisaje semeja la tierra de las hadas, o incluso algo más etéreo, que yo no puedo ya asociar a las hadas con el silencio nocturno. A menudo es tan inmenso el silencio que oigo caer una hoja, rozando otras hojas a su paso hacia tierra. Los poemas japoneses parecen ser más íntimos, más melancólicos que los nuestros.»

---

enlaza a la luna con el arce en la imaginación del artista, pero esta asociación es mucho menos popular que la del arce con el ciervo.

Esto cierra el «Calendario Floral» del año. Varias bayas que maduran en el puente invernal cubren el abismo existente entre el otoño y la primavera siguiente.

Ya que nos ocupamos de los cuentos y leyendas referentes a plantas y animales, debemos decir unas palabras acerca de la heráldica japonesa. Todas las familias del Japón, por pobres que sean, poseen su blasón familiar. Este amplio uso de los blasones tuvo su origen en los dibujos pintados en banderas y otros artículos militares, y data de la época de las guerras feudales que duraron del siglo XIV al XVI. El crisantemo, que es el emblema de la familia imperial, ya se utilizaba a principios del siglo IX; y la mariposa de los Taira y el *sasarindo*, las hojas y las flores del bambú, de los Minamoto, fueron adoptados probablemente en el siglo XII.

Es un hecho significativo que la heráldica japonesa utilice muy poco a los animales y sí, en cambio, a las flores. Estas se dibujan con líneas simples, mientras que son muy raros los dibujos complicados como los que se ven en las armaduras europeas. Hay pocos cuentos y relatos que traten de la elección de los blasones en particular; una familia, no obstante, que muestre el corte de un pepino, asegura que sus miembros fueron primitivamente adoradores de un cierto dios, el genio del pepino, el cual los tomó bajo su protección cuando consintieron en no comer el fruto de su planta.

Capítulo IX

HISTORIAS DIDÁCTICAS, HUMOR Y SÁTIRAS

I. LA ADAPTACIÓN DE LAS HISTORIAS A LOS PROPÓSITOS DIDÁCTICOS

Casi toda historia puede tener un fin didáctico si el fabulista es hábil, pero para eso sirven más y mejor las historias de animales que las demás. En Japón se utilizan especialmente las leyendas y cuentos de animales agradecidos, puesto que los japoneses destacan siempre y ante todo la virtud de la gratitud. Sin duda, muchas historias de este tipo se inventaron originariamente para inculcar lecciones de moral, haciendo que el ingenio o la astucia de los animales contrastase con la necedad o la estupidez de la humanidad, y el ser humano queda desconcertado porque permite que su razón y su moralidad sean superados por la pasión o el apetito, y con más frecuencia por el pecado de la avaricia, como, por ejemplo, queda claro en la mujer malvada de la historia «El Gorrión de la lengua cortada», y por el hombre que cava en busca del tesoro en el caso del zorro vengador.

Numerosos cuentos tradicionales fueron aceptados con propósitos morales o religiosos por los monjes budistas. A éstos les gustaban especialmente las historias románticas, tales como las de Komachi o del príncipe Genji, a fin de enseñar el carácter fugaz de la belleza física y el triste karma del amor romántico. También hallaron muchos medios de pintar los tormentos causados por el odio, la cólera, la arrogancia y otras pasiones semejantes en historias como las de los tengus, que eran reencarnaciones de guerreros derrotados, o del desdichado demonio que no se saciaba con la venganza a pesar de desahogar su animosidad contra generación tras generación entre los descendientes de su enemigo.

Una de las historias que con toda seguridad se inventaron para dar una lección de moral es la de «El cazador y los monitos».

Érase una vez un cazador que mató a un mono. Se lo llevó a casa y lo colgó del techo delante mismo de la chimenea. Por la noche le despertó el ruido de unos pies que pataleaban. Se sentó en la cama y miró a su alrededor. De pronto, a la luz del fuego moribundo, divisó varios monos pequeños que se calentaban ante la chimenea, y que acto seguido, uno tras otro, trataban de calentar el cuerpo ya helado del mono colgado, abrazándole. Eran, según creyó comprender, los hijitos del mono muerto, y su corazón se sintió tan hondamente conmovido, que nunca más volvió a ir de caza, y buscó otros medios de ganarse el sustento.

Una advertencia contra la pereza se encuentra en la historia de *Chin-chin Ko-bakama* o «Los duendecillos de los mondadientes».[98] Érase una vez una dama que no hacía nada por sí misma, ordenándoselo todo a sus sirvientes. Por otra parte, tenía la extraña costumbre de esconder todos los mondadientes que usaba entre las esteras del suelo. Una noche, mientras dormía sola, oyó un ruido muy cerca de su almohada y vio a unos hombrecitos vestidos con un *kamishimo* (especie de prenda de hombreras cuadradas y una ancha falda, *hakama*) que bailaban y cantaban junto a la cama. Su sueño se vio perturbado de igual manera varias noches sucesivas. Cuando unos días más tarde su esposo, que había estado de viaje, volvió a casa, ella le contó cómo se había visto molestada. El esposo estuvo aquella noche de vigilancia y cuando aparecieron los duendes desenvainó la espada. Al momento, todos cayeron sin vida y, ¡ay! eran solamente los mondadientes usados que la dama solía esconder.

Un cuento didáctico de significado más profundo es la familiar historia de «El ciego que encontró un elefante», el cual intenta demostrar la necedad de las riñas sectarias y del peligro de tomar las medias verdades como verdades absolutas. La historia es de origen indio y relatan con frecuencia los maestros budistas. En cierta ocasión varios ciegos estaban discutiendo cómo era un elefante. Al no ponerse de acuerdo decidieron probar la exactitud de sus respectivas descripciones con el examen de primera mano de un auténtico elefante. Por consiguiente, fueron adonde había uno y cada cual palpó al gran animal con las manos. El primer ciego palpó una de las enormes patas del proboscidio y dijo que un elefante era como el

---

[98] *Japanese Fairy Tales Series*, n.° 25.

tronco de un árbol gigante; otro palpó la trompa y aseguró que un elefante parecía una serpiente; el tercero trepó al lomo del elefante y anunció que aquel animal era como una colina; el cuarto se apoderó de la cola e insistió en que un elefante era como un *hossu*, un plumero hecho con pelos. La experiencia de esos ciegos nos enseña que las grandes verdades de la existencia cósmica jamás pueden comprenderlas aquellos que las abordan desde un solo punto de vista.

II. LA HISTORIA DE BONTENKOKU

En algunos casos, la finalidad didáctica se combinó con un florido vuelo de la fantasía. Así es la historia de «Bontenkoku, o el Reino de Brahma», que probablemente data del siglo XVI. Es uno de los cuentos de hadas más elaborados del Japón.

Érase una vez un joven príncipe de alto rango de la corte Imperial. Tras la muerte de sus padres, el príncipe dedicó su música al bienestar espiritual de los muertos,[99] tañendo una famosa flauta heredada de su familia. De esta manera pasó siete días, y al octavo, mientras estaba sentado tocando la flauta, apareció en el cielo un banco de nubes de una iridiscencia purpúrea. Las nubes se fueron aproximando, y entre ellas el príncipe divisó a un ser celestial cuyo porte era de gran dignidad, sentado en un carro de oro y asistido por hermosas figuras angelicales. Este resplandeciente ser le dijo al príncipe:

—Yo soy Brahma, el Señor de los Altos Cielos. La melodía de tu flauta ha conmovido a todo mi reino y aprobamos tu piedad filial y tu religiosa devoción. Deseo que te cases con mi única hija; si consientes, deberás esperarla esta noche cuando la luna salga un poco antes de medianoche.

El príncipe apenas pudo creer en la realidad de la visión, pero al oscurecer lo dispuso todo para recibir a su celestial novia, y luego se sentó para tocar la flauta. De repente, el cielo quedó iluminado por la luz de la luna, permitiendo ver el banco de nubes purpúreas que descendía de lo alto. El aire se llenó de perfumes deleitosos, y entre las nubes iba sentada una maravillosa y feérica princesa. Se celebró la ceremonia de la boda con acompañamiento de una misteriosa música celestial. Muy pronto fue conocido aquel casamiento

---

[99] Para la idea y la práctica de la «dedicación», en japonés, *eko*, véase *Buddhist Art*, cap. 1; se cree que toda obra interpretada con una intención piadosa obra un bienestar espiritual sobre el difunto.

milagroso, y tanta era la seráfica beldad de la novia que muchos hombres la desearon. El mismo emperador envidió la suerte del príncipe, y decidió deshacerse de éste y tomar para sí a la princesa. Para ello, le ordenó al príncipe llevar a cabo varias proezas imposibles de realizar. Un día le dijo:

—Puesto que eres el yerno del Señor celestial, seguramente podrás mostrarme la danza del pavo real del cielo con el acompañamiento musical de un ruiseñor celeste *(kalivinka)*. De no hacerlo tendrás que abandonar este país, ya que incurrirás en mi enojo.

El príncipe se turbó ante esta orden y al respecto consultó con su esposa. Para la hija de Brahma fue cosa fácil convocar a aquellas aves celestiales, que bajaron a la tierra bajo su invocación. Todos fueron enviados a Miyako, donde deleitaron a la corte Imperial con la belleza de su danza y su música.

Después, el emperador le ordenó al príncipe que le trajese la hija del caudillo de los ogros, uno de los sirvientes de Brahma. Tampoco tuvo la esposa dificultades en llevar a la joven al palacio Imperial, para divertir a la corte con sus ropas multicolor y sus extrañas danzas. Más adelante, el emperador exigió que le fuesen presentados los Tronadores. Estos llegaron al momento, convocados por la princesa. Su clamor fue tan terrible que el emperador les suplicó que callasen, pero ellos sólo obedecían al príncipe, el esposo de la dama celestial.

Sin dejarse desanimar, el emperador aún le dijo al príncipe:

—Supongo que puedes conseguir la firma de tu suegro junto con su sello celestial. Consígalos para mí o no te permitiré seguir viviendo en mi país.

El príncipe no tuvo más remedio que subir al Alto Cielo y pedirle a su suegro su firma y su sello. Para ello, el hada princesa le proporcionó a su esposo un caballo que lo elevó hasta el Cielo. Cuando el joven llegó al palacio de Brahma, éste lo recibió con cortés hospitalidad y lo trató suntuosamente. Mientras el príncipe consumía el arroz celestial que acababan de servirle, su atención se vio atraída por una criatura alicaída y hambrienta de aspecto repulsivo que estaba encerrada en la estancia contigua. Aquel monstruo le pidió al príncipe un bocado de arroz, cosa que hizo el compasivo joven. Tan pronto como aquel ser hubo comido el arroz rompió sus ligaduras, huyó de la celda y voló hacia el cielo.

El príncipe, sobresaltado, se interesó por el prisionero fugado y así se enteró de que era el rey de los demonios del mar del sur, que había tratado de apoderarse de la hija de Brahma, por lo que lo habían mantenido atado y sin darle de comer. Pero ahora, como el arroz celestial daba poderes milagrosos a quien lo comía, el demonio había recuperado su antigua fuerza, y se ignoraba si los guerreros de Brahma podrían volver a dominarlo. Todo el asunto era sumamente desdichado, si bien parecía no tener ya enmienda, de modo que Brahma le entregó al príncipe su firma y su sello. El joven se apresuró a bajar a la tierra, donde descubrió que el rey de los demonios se había llevado a su querida princesa. A partir de entonces, el atribulado esposo rezaba continuamente, con lágrimas en los ojos, a Kwannon, la diosa de la piedad, que le fuese devuelta su esposa. Una noche, mientras oraba en el templo de Kwannon, se le apareció la diosa en una visión y le dijo cómo podía hallar el lugar donde su esposa estaba prisionera. Siguiendo las instrucciones de la diosa, el príncipe se embarcó rumbo al sur.

Tras navegar miles y miles de leguas, su embarcación tocó tierra en una playa rocosa. El príncipe desembarcó y empezó a tañer su flauta. Varios demonios de piel oscura se sintieron atraídos por aquel dulce sonido, hallado la música tan encantadora, que le dijeron dónde se hallaba cautiva la princesa. El príncipe fue hacia allí y al llegar a palacio hizo que su esposa conociese su presencia por medio de la flauta, a lo que ella contestó tocando en armonía con él, en su propia flauta. El rey de los demonios había sido llamado lejos de allí, yéndose en su carroza que podía viajar hasta tres mil leguas en un día. Los guardias que custodiaban a la princesa quedaron tan sugestionados por la música, que no ofrecieron oposición cuando el príncipe introdujo a la princesa en otra carroza que el rey de los demonios tenía aún en su cochera. La carroza partió, pero ésta sólo podía recorrer dos mil leguas por día.

Cuando los guardias despertaron de su encantamiento y vieron que la princesa había desaparecido, batieron sus tambores, que resonaron por todo el reino de los demonios, cuyo rey, al oír aquel estruendo, regresó apresuradamente, supo lo que acababa de suceder y se lanzó al instante en persecución de la pareja. Su carroza no tardó en atrapar a la otra y seguramente se habría apoderado de los príncipes, descargando en ellos su furor, si las aves celestiales no se hubieran presentado de improviso, azuzando a todos los demonios hacia el fondo de su mundo subterráneo. De este modo la principesca pareja pudo salvarse y llegar a su hogar.

Se dice que el príncipe y la princesa son el dios y la diosa venerados en la capilla de Ama-no-Hashidate, y que protegen a la humanidad contra las asechanzas de los demonios.

Ilustración de un libro de láminas del período Edo (Siglo XVII), en el que se representa la leyenda de Bontenkoku.

III. HUMOR Y SÁTIRA

En la mayoría de historias didácticas, se subrayan las cosas más importantes exagerando los resultados de la maldad o la necedad humanas. Tales exageraciones suelen ser humorísticas o satíricas, e incluso a veces esas historias acaban por no ser más que meros relatos de humor o de ingenio satírico. La historia de los Sennin de Kumé caídos es más humorística que seriamente didáctica, especialmente cuando sabemos que el Sennin se casó con la mujer que le causó la pérdida de sus poderes de Sennin. En la historia de Kaguya-hime, las estratagemas y las invenciones de los pretendientes de la dama a fin de conseguir o falsificar las cosas que el Hada de la Luna les pide como condición para consentir en la boda, son realmente divertidas.

Los motivos humorísticos y satíricos que hallamos en multitud de leyendas y cuentos fueron utilizados libremente por los escritores de las farsas conocidas como Kyogen, representadas en las obras No. Daremos aquí algunos ejemplos, y así, la farsa llamada *Zazen* o «Meditación»,[100] tiene este argumento:

Un hombre deseaba ver a su querida pero, para ello tenía que engañar a su celosa esposa. Entonces, le contó que iba a sentarse un día y una noche en «Zazen», un sosegado estado meditativo, y que durante ese tiempo nadie, ni siquiera ella, debía entrar en su habitación. Pero temiendo que su mujer, pese a todo, entraría, le ordenó a su servidor que se sentara en su lugar y se cubriese por completo con una tela muy grande. Luego marchó a visitar a su querida, confiando que todo saldría a medida de sus deseos. Pero la esposa era demasiado suspicaz para mantenerse fuera de la habitación tan largo tiempo. Abrió la puerta y vio a un hombre sentado, con la cabeza tapada. Cuando le habló, el hombre no respondió, y la mujer, tirando de la tela, descubrió que el hombre sentado era el criado y

---

[100] *The Classical Poetry of the Japanese*, de B. H. Chamberlain, págs. 199 y ss.

no su esposo. Al momento, alejó a aquél y ocupó su lugar, cubriéndose igual que el sirviente. Cuando a la mañana siguiente volvió el marido de casa de su amante, sin sospechar lo ocurrido en su ausencia, le contó al supuesto sirviente todo lo que había hecho con la querida. Una vez se hubo despachado a gusto, la esposa se descubrió ante el inmenso susto del infiel marido.

Otro Kyogen es el llamado «Los tres deformes». Un hombre rico, extremadamente caritativo, anunció que todo hombre deforme, o que hubiese perdido la vista o el oído podía acudir a su mansión, donde comería y sería bien cuidado durante toda su vida. Un vagabundo que se había jugado toda su pequeña fortuna, fue a reclamar la caridad del ricachón, siendo recibido hospitalariamente al fingirse ciego. El siguiente que se presentó era amigo del primer impostor y se fingió sordo, y el tercero pasó por tullido. El caritativo señor los recibió a todos solícitamente, cuidándoles con todo cariño. Un día tuvo que salir de casa y encargó a los tres deformes que cuidasen la bodega donde estaban almacenados el vino, las sedas y otros artículos valiosos. Cuando se hubo marchado, los tres bribones se despojaron de sus disfraces y entraron a saco en el vino, obsequiándose a sí mismos con un verdadero festín, cantando y bailando. Estaban tan animados que incluso olvidaron que su benefactor podía volver de improviso. Y efectivamente, se presentó en medio de la fiesta, encontrando al sordo cantando, al tullido bailando y al ciego contemplando la danza y llevando el compás con las manos. Cuando los tres impostores vieron ante sí a su protector, intentaron adoptar apresuradamente sus respectivos disfraces, pero era ya tarde y fueron arrojados fuera de la casa.

Una tercera farsa se titulaba «El vino de la tía». Un joven disipado sabía que su tía poseía cierta cantidad de sake y le pidió una copa de dicha bebida. La tía se negó porque sabía que para su sobrino una copa significaba una interminable sucesión de copas. Cuando el joven comprendió que por la persuasión nada conseguiría, decidió obtener la bebida asustando a la mujer. Para ello cogió una máscara de diablo y así se le apareció disfrazado. La aterrada tía le suplicó al supuesto diablo que se llevara todas sus provisiones, pero que la dejase con vida. El joven al momento empezó a beber sin quitarse la máscara ya medida que se iba emborrachando más a cada trago, empezó a hacer tantas muecas y contorsiones que la máscara se le fue deslizando. Al darse cuenta, se la colocó encima de una oreja, volviendo ese lado de su cara hacia la tía, pero ésta sospechó la treta, observó fijamente al diablo y descubrió el engaño. Naturalmente, no perdió tiempo en echar de casa a su embriagado sobrino.

IV. UNA ÉPOCA DE DESCONTENTO Y SÁTIRA

Hubo una época particular en la que la sátira prevaleció en la literatura japonesa. Abarca la segunda parte del siglo XVIII y los primeros años del siglo XIX. Por aquel entonces, el gobierno implantó la censura literaria y dictó diversas reglas suntuarias, muy irritantes. Las historias, cuentos y novelas de la época son obviamente morales y carecen casi de valor literario. Mas pronto se produjo una reacción popular, y así hubo otro periodo con una excesiva libertad de expresión. Muchos escritores se refugiaron en la misma, ocultando un propósito satírico bajo una fingida seriedad, o escribieron sarcasmos contra el régimen en forma velada. Solamente en esa clase de obras se encuentra cierto vigor y originalidad. Las producciones normales no tienen vida y son tediosas, llenas de convencionalismos y de literatura artificial. Entre las obras imaginativas de este período, los más populares fueron dos libros de viajes imaginarios, cuyo autor fue Bakin, el escritor más voluminoso de Japón. Se trata de *Wa-So-Byo-ye*, o las "Andanzas" del japonés Chuang-Tse, siendo Chuang el taoísta chino que soñó haberse convertido en mariposa, y dudaba entre si él se había transformado en mariposa, o una mariposa se había transformado en Chuang; y Muso-Byoye o «El Hombre del sueño visionario». El japonés Chuang-Tse era residente de Nagasaki. Una vez estaba pescando desde una barca cuando empezó a soplar un intenso vendaval y la barca fue derivando hacia alta mar, sin que él supiese adónde iba ni dónde estaba. Así llegó a la Tierra de la Inmortalidad, donde no hay enfermedades ni muertes. Todos sus habitantes están más que hartos de la vida y le ruegan constantemente a Dios que la Muerte les prive de la vida, o al menos de la salud, mas todo es en vano. El mismo Wa-So, tras vivir allí cierto tiempo, también deseó morir, puesto que la muerte es lo único que allí puede desearse. Así, intentó suicidarse arrojándose desde un alto acantilado, pero su cuerpo cayó en tierra con tanta suavidad que salió ileso del trance. Después, intentó ahogarse, pero flotó obstinadamente en la superficie del agua. Su única salida era huir a otro reino, cosa que finalmente pudo hacer sobre la grupa de una grulla.

Ésta le condujo a la Tierra de la Opulencia. Allí la gente ansiaba ser pobre, hasta el punto de adorar al dios de la Pobreza, siendo en cambio la Riqueza la deidad temida. Luego, la grulla llevó a Wa-So a la Tierra de la Vanidad, más tarde a la Tierra de las Antigüedades, el país cuyos habitantes jamás consienten que haya el menor cambio, luego a la Tierra de la Lascivia y finalmente a la Tierra de los Gigantes. Uno de éstos cogió a Wa-So para examinarlo, y cuando lo soltó, aquél se encontró de nuevo en su hogar de Nagasaki. Bajo el empeño de describir las singulares costumbres de los habitantes de esos países imaginarios, Bakin pudo pintar con gran humor satírico las peculiaridades de la vida social de su época.

En una continuación de este libro, Wa-So se cansa de su vida doméstica y reemprende sus correrías. Se dirige al mar y aparece una tortuga que le lleva a nuevas aventuras. El primer lugar al que le conduce es la Tierra de la Pureza, donde el japonés acaba por aburrirse de tanta limpieza y tanto orden. Escapa de allí y encima de la tortuga llega a la Tierra de los Piernas Largas y los Muy Armados. Allí, los extraños pobladores jamás han pensado en reducir sus deformidades mediante intercasamientos, pero Wa-So les induce a hacerlo de este modo. Antes de tener la oportunidad de ver el resultado de este método, Wa-So ha de viajar a través de unos pasos montañosos y diversas junglas hacia la Tierra de la Miseria; y después, por grandes y aburridas praderas, a la Tierra de la Intrepidez. Otras regiones por él visitadas son la Tierra del Oro y las Joyas y la Tierra de los Bárbaros del Pelo Largo y las Orejas Grandes. Al fin, arriba a la Isla de las Mujeres.[101] Allí Wa-So es recibido calurosamente por las mujeres que pueblan la isla, puesto que casi se vuelven locas ante la idea de poder ver y abrazar a un ser masculino. Wa-So es, pues, el huésped de honor de la corte de la Reina, pero halla que su condición es como la de un prisionero y se apresura a intentar la huida. Al despertar ve que sus aventuras no han sido más que un sueño.

Muso Byoye, «El Hombre del Sueño Visionario», es guiado en sus viajes por Urashima, el antiguo héroe que fue novio de la

---

[101] Para la Isla de las Mujeres, cf. *The Mythology of all races*, vols. III, 117, y IX, 140, y sus referencias; también *The Religion of the Ancient Celts*, Edimburgo, 1911, pág. 385, de J. A. MacCulloch.

Princesa Dragón. Urashima le entregó a Muso su caña y sedal de bambú, y Muso fabrica con ellos una cometa, con la que se pasea por los aires. El primer lugar que visita es la Tierra de los Niños, donde el Padre, la Madre y la Nodriza son deidades representadas por imágenes, y donde la gente no hace más que jugar, pelearse y llorar. La cometa le conduce después a la Tierra de la Concupiscencia. Mientras Muso se siente apabullado ante la lujuria desvergonzada de la gente, pierde la cometa y el joven no sabe de qué manera puede continuar su viaje. Entonces, encuentra a Urashima, que está viviendo como ermitaño entre la gente lasciva, quien entrega a Muso una barca para que se dirija a la Tierra de la Bebida Perpetua. Mas no tarda en unirse a los grupos de bebedores, pero en medio de la juerga se apodera de él un águila enorme, la cual lo lleva a la Tierra de la Avaricia. Allí vuelve a encontrar la cometa y en ella viaja a la Tierra de los Mentirosos, a la Tierra de las Pasiones Nunca Satisfechas y, por fin, a la Tierra de las Delicias. El rey de este reino vuelve a ser Urashima y cuando Muso ha saciado ya su sed de placeres en tan dichosa región, gracias a Urashima regresa a su hogar en el Japón.

APÉNDICE

EL FOLCLORE JAPONÉS EN LAS CANCIONES TRADICIONALES

Japón posee un rico venero de canciones tradicionales, desde las muy antiguas pertenecientes al siglo VIII a las que solamente fueron coleccionadas después de ser rotas las barreras feudales en el siglo pasado. Como son en realidad el producto del sentimiento y la imaginación del pueblo, contienen frecuentes alusiones a las tradiciones populares, pero su lenguaje suele ser tan oscuro que sólo es posible adivinar a qué leyenda hacen referencia. Además, son muy frecuentes asimismo los juegos de palabras y los enigmas, y el resultado es que muy pocas canciones pueden traducirse correctamente al castellano.

Algunas canciones populares son improvisaciones líricas, si bien la mayoría son expresiones tradicionales del sentimiento popular en varias ocasiones de festividades sociales o comunales. Estas fiestas son la siembra del arroz y su cosecha, cuando la gente trabaja conjuntamente en los campos o se reúne en la capilla del lugar para dar gracias; también la reunión de los aldeanos para levantar un poste para una nueva casa (la ceremonia correspondiente a la colocación de la primera piedra entre los pueblos de Occidente); las procesiones de peregrinos a Ise u otros santuarios, y la celebración de su regreso; danzas al aire libre en las noches de verano, llamadas danzas *Bon*, en las que se unen todos los habitantes de un pueblo; la celebración del Tana-baca, cuando las jóvenes marchan en procesión, o las procesiones de los muchachos el día de Año Nuevo. Aparte de las canciones entonadas en estas ocasiones públicas, hay otras muchas, como las canciones de cuna, los cantos juveniles de los chicos que buscan y atrapan insectos, las canciones de los niños cuando descubren la primera estrella parpadeante en la noche, los cantos de los conductores de caballos, de los portadores de palanquines, etcétera.

Muchas de estas canciones son conocidas en todo el Japón, con ligeras variaciones en las letras y las melodías. Aunque tales variaciones apenas tienen importancia, podemos, comparándolas entre sí, obtener más conocimientos de la importancia de las canciones, aprender por ellas algo sobre las distintas condiciones y sentimientos que prevalecen en las diferentes zonas del país.

Otra cosa a observar es que muchas canciones populares que se entonan hoy día no han cambiado virtualmente en centenares de años. Así, hay canciones que datan del siglo XVII o XVIII, pero pueden detectarse fácilmente en razón del superior acabado literario otorgado por los literatos de la pacífica época Tokugawa. Un ejemplo de esta clase lo presentamos más adelante en «La queja de las ratas».

El primer ejemplo que transcribimos es una canción de felicitación con ocasión de la construcción de una casa, en la que se hallan insertadas casi todas las figuras dichosas del folclore japonés:

Mil años vive la grulla,

miríadas de años la tortuga.

Nueve mil el hombre primitivo del Este (Tobo-saku),

ocho mil el niño pescador de Urashima.

Ciento seis años vivió el general Osuke de Miura.

Vive, vive, pues todos esos años sumados dan

veintiocho mil ciento seis años de prosperidad.

Navegando mil ciento seis años de prosperidad.

Navegando hacia aquí llega el Barco de los Tesoros,

con sus velas de brocado y satén, con cortinas de color púrpura.

En él van las Siete Deidades de la buena suerte,

banqueteando alegremente, intercambiando copas de sake,

¡que aporten montones de suerte a la casa!

Otra versión de la misma canción dice como sigue:

Una grulla y una tortuga vivan en la casa,

y jueguen junto al pino,[102] *¡y el pino y el bambú prosperen eternamente!*

Anoche tuve un sueño feliz,

feliz, feliz, oh sí, muy feliz:

vi la luna, la luna, sobre la almohada en que yo apoyaba la cabeza,

abrazando al naciente sol,

y bebiendo en una copa de oro la ambrosía del sake.

Estamos en primavera, en el tercer mes,

Daikoku aparece antes, seguido de Ebisu,

y después vienen miríadas de barcos cargados de tesoros.

Después viene una de las canciones de la estación de la siembra exaltando a Ta-no-kami, el Campo de oro. En esta canción, Ta-no-kami se concibe como un niño a punto de nacer, y las alusiones al mismo demuestran que es similar a un noble principito:

---

[102] Se considera indispensable un pino en un jardín respetable, y a menudo se colocan debajo del mismo una grulla y una tortuga de bronce o loza.

¡En la India, yaré![103]

¡En la Pradera de los Altos Cielos, yaré!

Allí vive un dios, el padre de Ta-no-kami-sama.[104]

¡En la India, yaré!

¡En la balsa donde crece el junco, yaré!

Allí vive una diosa, la madre de Ta-no-kami-sama.

¡ Ta-no-kami-sama, yaré!

¿En qué mes fue concebido? ¡Yaré!

¡Entre el primero y el tercero!

¡ Ta-no-kami-sama., yaré!

¿En qué mes ha de nacer?

¡En menos de diez meses!

¡Ta-no-kami-sama, yaré!

¿Quién es su nodriza? ¡Yaré!

¡La joven princesa del palacio del Dragón!

¡Ta-no-kami-sama, yaré!

---

[103] *Yaré* es una exclamación japonesa. En el original se repite con mayor frecuencia.
[104] *Sama* significa «venerable».

¿Cómo será el vestidito del bebé? ¡Yaré!

Medido siete veces y cortado al momento, yaré.

¡Ta-no-kami-sama, yaré!

¿Dónde está la fuente de la que sacarán el agua para bañarle?

¡En la roca Virgen de Yamashiro!

¡Ta-no-kami-sama, yaré!

¿Quién traerá el agua para bañarle?

¡El joven señor de Kamakura! [105]

¡Ta-no-kami-sama, yaré!

¿De qué color será el vestido del bebé? ¡Yaré!

¡Púrpura con dibujos alegres! ¡Yaré!

¡Ta-no-kami-sama, yaré!

¿Qué insignia tendrá el vestido del bebé, yaré?

¡Dos plumas de un halcón dentro de un pentágono, yaré!

*¡Ta-no-kami-*sama, yaré!

¿Dónde será bien nacido, yaré?

¡En la pradera de Mishima, yaré!*[106]*

---

[105] El heredero del dictador Minamoto.

Otra canción de siembra apenas alude a los mitos y es de carácter más lírico:

Planta arroz en los campos,

en nuestros queridos campos;

¡planta, planta hasta que brillen la luna y las estrellas!

Yo debería alegrarme de plantar arroz en los campos,

hasta que brille la estrella matutina y más allá...

si los campos fuesen amados por mí.

Otra canción dice:

Cae, cae la lluvia, pero al final aclara...

¿cuándo aclarará también mi corazón?

Esto se refiere al hecho de que la siembra debe realizarse en la estación de las lluvias, en junio, y la canción es más canto de amor que de siembra.

Una canción se refiere a la recolección de las hojas de té:

¡Coge, coge las hojas de té en su cosecha!

¿Cuántas has cogido en la cosecha del té?

¡Un millar de hojas has conseguido en la cosecha del té!

Un millar, cogidas y acumuladas una a una; incluso el pico del Fuji está hecho de granos y tierra.

No te canses, nunca te canses de coger hojas, cógelas, cógelas a manos llenas.

Esta pequeña lírica se canta a menudo al trillar el trigo:

Brisa suave, brisa suave, ¿traes un mensaje de mi hogar?

Brisa suave, si hablas ¿cuál es el mensaje de mi hogar?

La siguiente canción ha de cantarse solamente junto a la cuna. Sin embargo, es una de las más atractivas:

¡Duerme, niñito, duerme!

En los montes empinados

los hijitos de la liebre se extravían.

¿Por qué sus orejas suaves y pardas son tan largas y finas

saliendo por encima de las piedras cuando juegan?

Porque su madre, antes de nacer sus hijitos,

comió hojas de locuado con el rocío matutino,

y la planta de bambú, larga y esbelta...

*Por esto son largas las orejas de las pequeñas liebres_*

*Duerme niñito, duerme con el arrullo de mi canción_*

Ya hemos hablado de la fiesta Tana-bata y citamos un poema que en la misma suele recitarse; en esta fiesta también se entonan numerosas canciones. Una de ellas dice:

El séptimo día de este mes de verano,

Tana-bata, el Pastor, ansia ver a su esposa

al otro lado del Río del Cielo.

Mas, si llueve, oh, pobre amante,

¿cómo atravesará el río?

Otra canción se refiere a la creencia de que es posible lograr una buena caligrafía si se celebra la fiesta del Tana-bata concienzudamente:

¡Oh, querido Tana-bata sama!

¡Oh, querido Tana-bata sama!

¡Deja que levante las manos![107]

---

[107] Es decir, «alcanza destreza en la escritura a mano»

Papeles de cuatro colores,

hilos en cinco colores,

cuelgan muy altos en los tallos de bambú,

que son mis humildes ofrendas.

Una canción de amor hace alusión al Tana-bata:

¡Quisiera ser una estrella,

la estrella del Tana-bata!

Las hojas carmesíes del arce[108]

podrían formar el puente del río

y servir de paso a mi amor.

Las cintas de colorines podrían atar mi ansiado deseo

a su bello corazón.

La siguiente canción se funda en la superstición de ver una estrella como disparada hacia uno mismo, lo cual es un augurio de buena suerte.

La brillante estrella vespertina

resplandece en el cielo entre meteoritos.

Por la mañana brillantes son

---

[108] Al pensamiento anhelante o deseo se le llama "corazón rojo" y se dice que es una respuesta favorable a una carta de amor que sea de "colores delicados" o "bien tintada".

los rastros de las blancas nubes;

Deja que las diminutas estrellas de oro bajen hacia mí

de entre las más esplendorosas del cielo.

Terminaremos con una breve canción que se usa en la danza *Bon.* Se llama «La queja de las ratas».

¡Oye las lastimeras quejas de las ratas!

¡Ah, cómo envidiamos la buena suerte del gato!

¿Será posible que en una vida futura nazcamos como gatos?

¡Qué fortuna feliz tienen los gatos!

Porque son amados por los hombres y conviven con ellos,

y los alimentan con bocados deliciosos.

Los gatos gozan del privilegio de sentarse en las rodillas de los nobles...

¿Qué mala suerte [karma] ha hecho que naciéramos ratas?

¿Por qué hemos de penar una vida tan miserable?

Adónde vamos en este ancho mundo

los gatos y las comadrejas nos amenazan y nos atrapan.

A veces, los gatos no logran cazamos,

pero las comadrejas y las serpientes nunca fallan...

Claro que hay un paraíso para nosotras,

una noche de verano cuando hay mucho arroz y grano...

Pero al llegar el invierno, cuando escasea la comida,

sólo podemos roer astillas y trozos que roer...

A Buda le llevamos algunas ofrendas (en excrementos),

No obstante, robamos a menudo cosas suyas y se las ofrecemos.

Estamos destinadas a un futuro triste,

ya que, ¡ay! no puede ser de otro modo.

¡Cuánto más afortunadas seríamos si, al menos,

hubiésemos nacido como ratas blancas!

BIBLIOGRAFÍA

Abreviaturas

JRAS. . . . *Journal of the Royal Asiatic Society*

MDGO. . *Mitteilungen der Deutschen Gesellschaft für Natur und Völkerkunde Ostasiens* (Tokio).

SBE... Sacred Books of the East

TASJ.... Transactions of the Asiatic Society of Japan (Yokohama).

TCHR. Transactions of the International Congress of the History of Religions.

TISL.... Transactions of the Japan Society, Londres

TEXTOS

Sintoísmo

Ancient Japanese Rituals. Trad, de Sir E. Satow, *TASJ,* vols. vii, ix, 1879, 1881, y continuada by K. Florenz, *ib.,* vol. xxvii, 1899.

Das Shinto Gebet dergrossen Reinigung. H. Wei pert, *MGDO,* vol. vi, 1897.

Japanese Texts, Primitive and Medieval Ed. con Introd., Notas y Glosarios de F. V. Dickins, C.B. 2 vols. Oxford, 1906.

Ko-ji-ki, or Records of Ancient Matters. Trad. de B. H. Chamberlain. Suplemento al vol. x, *TASJ* 1883. índice de N. Walter y A. Lloyd, *ib.,* 1906.

Nihongi: Chronicles of Japan to A. D. 697. Trad, de W. G. Aston.

Nihongi oder Japanische Annalen. (Teil iii) Übersetzt und erklärt von K. Florenz. Supl. a los vols, v y vi, *MDGO* 1892-7. Ed. revisada, 1903.

Budismo

Buddhist Mahayana Texts. 2 partes en vol. I. *The Buddha Kan ta of Asvaghosha,* trad. E. B. Cowell. 2. *The Sukhâvatt-Vyûha, The Vagrakkhedikâ, The Pragnâ, Paramitâ-Hridaya Sutra,* trad, de F. Max Müller. *The Amitâyur-Dhyana Sutra,* trad, de J. Iakakuso. *(SBE*vol. 49).

The Saddharma Pundarika, or the Lotus of the True Law, trad, de H. Kern. (S££vol. 21).

Obras generales

Anesaki, M., *Buddhist An in Relation to Buddhist Ideals* Boston, 1915. —, *Nichiren, The Buddhist Prophet,* Cambridge (EE.UU.), 1916.

—, *Religious History of Japan,* Tokio, 1897.

—, «Buddhist Influence upon the Japanese», *TCHR* (Oxford, 1908), I, 54-7.

—, «Honen, the Pietist Saint of Japanese Buddhism», *ibid* i. 122-8. Aston, W. G., *History of Japanese Literature,* Londres, 1899.

—, *Shinto: The Way of the Gods, ib,* 1905.

—, «Tori-wa, its Derivation», 7-4S/xxvii, 1899.

Balet, L, *Études sur le Bouddhisme japonais (Mélanges japonais* nr. 18, 21, 22), Tokio, 1906.

Brauns, D., *Japanische Märchen un Sagen,* Leipzig, 1885.

Brinkley, F., *Japan and China, Their History, Arts, and Literature,* 12 vols., Londres, 1903-4.

Chamberlain, B. H., *Japanese Poetry,* Londres, 1911.

—, *The Classical Poetry of the Japanese,* Ib., 1880.

—, *The Language, Mythology, and Geographical Nomenclature of Ja pan, viewed in the Light of Aino Studies,* Tokio, 1887.

—» *Things Japanese,* Londres, 1905.

Chamberlain, B. H., y Mason, W. B., *Japan,* Murray, *ib.ₜ* 1913. Clement, E. W., *Japanese Floral Calendar,* Chicago, 1905.

—, *A Handbook of Modern Japan,* Londres, 1904.

—, «Japanese Calendar», *TASJ* xxx, 1902.

—, «Japanese Medical Folklore», *ib.,* xxxv, 1907.

Cobbold, G. A., *Religious in Japan,* Londres, 1894.

Florenz, K., *Der Shintoismus.* En *Die Kultur der Gegenwart: di Orientalischen Religionen,* Berlin y Leipzig, 1913.

—, *Die historischen Quellen der Shinto-Religion. Aus dem Alt-jap. um Chin, übersetzt und erklärt,* Göttingen y Leipzig, 1919.

—, *Die Japaner.* En *Lehrbuch der Religionsgeschichte begründet vor Chantepie de la Saussaye,* i, 262-422, Tübingen y Leipzig, 1919.

—, *Geschichte der Japanischen Litteratur,* Leipzig, 1906.

—, *Japanische Mythologie. Nihongi, Zeitalter der Götter. Nebst Er gänzungen aus ändern alten Quellenwerken,* Tokio, 1901. Greene, D. C., -Remmon Kyokwai», *TASJ* xxix, 1901.

—, «Tenri-ko, or the Teaching of the Heavenly Reason», *ibid,* xxiii 1895. Griffis, W. E., *The Religions of Japan,* Londres, 1895.

—, *Japanese Fairy World,* ib, *1887. Haas, H.,* Der Buddhismus. *En* Die Kultur der Genenwart: Di Orientalischen Religionen, *Berlin y Leipzig, 1913.*

—, -Annalen des jap. Buddhismus», *MDGOx,* 1904.

—, «Der heilige Kanon des Buddhismus in Japan», *ibid,* x, 1904. Hall, J. C., «A Japanese Philosopher on Shinto», *TCHR* (Oxford 1908), i. 158-65.

Harada, T., *The Faith of Japan*, Nueva York, 1914.

Heam, L., *Gleaming of Buddha-fields*, Londres, 1897.

—, *Glimpses of Unfamiliar Japan*, 2 vols, *ib*, 1905.

—, *In Ghostly Japan*, *ib*, 1899.

—, *Japan: An Attempt at Interpretation*, Nueva York, 1904.

Hildbiirgli, W. L., «Japanese Household Magic», *TJSL*, 1908. *Japanese Fairy Tale Series*, 16 números en 4 vols., Tokio, 1888.

Joly, H., *Legends in Japanese Art*, Londres, 1907.

Lloyd, A., *The Creed of Half Japan*, Londres, 1911.

—, *Shinran and his Work*, Tokio, 1909.

—, «Formative Elements of Japanese Buddhism», *TASJ* xxxv, 1908.

—, «The Remmon Kyo», *TASJ xxix*, 1901.

Lowell, P., *Occult Japan*, Boston, 1895.

Mitford, A. B., *Tales of Old Japan*, 2 vols., Londres, 1871.

Munro, N. G., «Primitive Culture in Japan», *TASJ xxxiv*, 1906. Nanjio, B., *The Twelve Japanese Buddhist Sects*, Tokio, 1897.

Nitobe, I., *Bushido*, Nueva York, 1905.

Noguchi, Y., *The Spirit of Japanese Poetry* (*Wisdom of the East* series), Londres, 1914.

Okakura, K., *The Ideals of the East*, Londres, 1904.

Omori, Z., «A History of the Zen Shu in Japan», *TCHR* (Oxford, 1908), i. 128-132.

—, «Principles of Practice and Enlightenment of the Soto Zen Shu», *ibid*, i. 150-4.

Ozaki, Y., *Japanese Fairy Tales*, Nueva York, 1903.

—, *The Japanese Fairy Book*, Londres, 1922.

Revon, M., *Anthologie de littérature japonaise*, París, 1910.

—, *Le Shintoisme*, ib., 1905.

—, *Manuel de la littérature japonaise, ib.,* 1910.

—, «Les anciens rituels du Shinto considérés comme formules magiques, *TCHR* (Oxford, 1908), i. 1 6 5 - 1 8 1 .

Satow, Sir E., «The Revival of Pure Shinto», ap. a *TASJ* m, 1975.

—, «The Shinto Temples of Ise», *ibid,* ii, 1874.

Schiller, E., *Shinto, die Volksreligion Japans,* Berlin-Schöneberg, 1911. Schurhammer, G., *Shinto, der Weg der Götter in Japan: Der Shin-toismus nach den gedruckten un ungedruckten Berichten der japanischen Jesuitenmissionare des 16 und 17. Jahrhunderts,* Bonn y Leipzig, 1923.

Schwartz, W. L., «The Great Shrine of Idzumo, Some Notes on Shinto, Ancient and Modern», *JASJ* xli, 1913

Visser, M. W. de, *Shinto, de godsdienst van Japan*, Leiden.

—, Artículos sobre «The Tengu», «The Fox and the Badger in Japanese Folklore», «The Dog and the Cat in Japanese Folk-lore», *TASJ* xxxvii, 1908-9.

Walsh, C. A., *The Master Singers of Japan (Wisdom of the Hast* series), Londres, 1910

Wenckstern, F. von, *Bibliography of the Japanese Empire*, 2 vols, Londres y Tokio, J 895-1907.

Whitehorn, A. L., *Wonder Tales of Old Japan.*

Sobre el Autor

Masaharu Anesaki (1873-1949), también conocido bajo el seudónimo de "Chofu Anesaki" fue un inteletual y erudito japonés, clave en el periodo Meiji.

Anesaki es considerado como el padre de los estudios religiosos en Japón, pero también escribió sobre una gran variedad de temas, incluyendo la cultura, la literatura y la política. También fue miembro de la Comisión Internacional de Cooperación Intelectual de la Sociedad de Naciones.

Después de cursar los estudios de Filosofía en la Universidad Imperial de Tokio, pasó tres años en Europa (1900-1903) con el apoyo parcial de Albert Kahn, el filántropo francés. Durante este tiempo estudió con Deussen, Hermann Oldenberg, Gerbe, y Albrecht Weber en Alemania, así como Thomas William Rhys Davids en Inglaterra.

Pasó dos años (1913-1915) como profesor visitante en la Universidad de Harvard, dando conferencias sobre la literatura y la vida japonesa. Las notas de la conferencia de este período fueron ampliadas y revisadas y más tarde formaron la base para el libro Historia de la Religión Japonesa.

Fue un devoto budista, y sobre este tema trata su libro más conocido, el *Nichiren*. También publicó títulos como "Cómo el cristianismo atrae a un budista japonés" (Hibbert Journal, 1905). Tradujo *Die Welt als Wille und Vorstellung* de Schopenhauer al japonés, y fue esencial para el conocimiento mutuo del budismo y la filosofía occidental.

CPSIA information can be obtained
at www.ICGtesting.com
Printed in the USA
LVHW051750080523
746426LV00003B/471

9 781518 808883